초대교회 역사 현장 가는 길

On the Way to Field of the Early Church
(영, Historical Theolorg/ 독, Geschichtliche Theologie)

김 동 연 지음
Kim, Dong-Yoen Th.D., D.C.C

도서출판 러빙터치

On the Way to Field of the Early Church
(영, Historical Theolorg/독, Geschichtliche Theologie)

Korean version: copyright
© 2021, by Kim, Dong-Yoen(Th.D., D.C.C)
Jesus Loving Touch Press

Jesus Loving Touch Press
Printed in Korea

Korean version published 11. 15. 2021
Publisher-Pae, Soo-Young(D.Miss. D.D.Theol)
Editorial and publication-Jesus Loving Touch Press

Publication registration
25100-2016-000073(2014.2.25)
17(#1709-203), Deongneung-ro 66-gil,
Dobong-gu, Seoul, of Korea
010-3088-0191/ E-mail: pjesson02@naver.com

Requests for information should be addressed to:
Author Contact: Kim, Dong-Yoen
010-8893-4432/ E-mail: ceokdy123@naver.com

초대교회 역사 현장 가는 길

On the Way to Field of the Early Church

책 앞 의 글

작금의 현실 속에서 기독교의 부패가 드러날 때마다 그리스도인의 종교(교회)개혁을 갈망하면서 '초대교회' 신앙을 찾게 된다.

'초대교회역사 현장 가는 길'에서 연대 구분은 외형적인 기간을 중심으로 할 때, 예수 그리스도의 탄생을 시점으로 AD 476년 서로마의 멸망까지이며, 내면적인 교회 역사 중심으로 할 때는 590년 그레고리 1세가 교황으로 즉위하기 전까지의 기간을 말한다. 이 시기에 신약 27권이 기록됐고, 교회의 신학과 체제가 확립됐다. 인류 역사에서 탄생을 통해 지구역사의 기준이 된 예수 그리스로부터 시작된 기독교는 세속역사 가운데 빛을 잃어가며 걸어온 세월이 어느덧 2000년이 넘었다. 기독교는 그간 기득권, 기성세대, 주류 등에 대한 구별이 필요했음에도 권력, 정치, 성 등과 세상적 이권과 야합하며 본질을 잃고 분열하며 신뢰를 잃어갔다. 그때마다 종교개혁을 부르짖는 목소리는 하늘에 닿았다. 코로나 19의 어두운 시대에서 새 시대 새 믿음의 역사를 원하는 그리스도인의 절규에 대한 대답이 무엇일까? 본서는 예수 이후 오늘에 이르기까지 초대 기독교 역사현장을 통해 살펴보게 한다.

'교회사'의 독특한 다른 이름 '역사신학'은 '성경신학'과 '조직신학', 그와 더불어 신학의 3부문 중 역사학적 방법을 동원하여 자료를 엄밀하게 살피고 기독교 신앙의 역사를 연구하는 '기독교 신학'의 한 분야를 말한다. 이 책에서는 기독교의 기원, 초대교회의 설립 배경, 복음의 역사, 종교적 파당과 메시야 대망, 기독교와 로마제국의 관계, 사도들의 복음 사역, 초대교회의 조직과 예배, 수난받는 하나님의 공동체, 이단의 발생과 사상적 공격, 교부신학 사상, 성경과 신조, 주요 종교 회의들, 수도원 운동 등으로 소개되고 있다. 예수 그리스도 역사의 중심, 구약 연대표, 성경 역사에 준한 12시대, 기독교의 기원, 12제자 리스트, 성령을 부어 주심, 세계로 흘러간 복음의 물결, 신약 성경에 기록된 초대 교회의 직책, 기독교의 전파 경로, 로마 제국의 기독교에 대한 10대 박해, 복음적 컬럼, 개혁주의 대표적인 신학자, 신조와 신경의 종류, 공인된 사도신경, 현재 교회에서 사용 중인 사도신경, 주기도문 분류 전후반, 주기도문의 심플 분류 6가지 주제, 신약(마태)의 주기도문 대략, 하나님의 이름 성경에 나오는 이름 등을 매우 쉽게 요약 정리하였다.

전체적으로 예수 그리스도의 십자가, 부활·승천 후, 12제자 순교자 피로 시작된 핍박 속에서 목숨 건 복음 전파, '밀라노 칙령'으로 인정받아 왔다. 일반적으로 그리스도인들이 현 기독교의 부패에 대한 회개를 요구하며 언급하는 '초대교회'는 예수 그리스도의 12제자와 바울 등으로 이어진 신약성서 내용을 차지하는 그리스도인들의 신앙을 가리킨다. 네로황제 사망 후에도 박해는 250년간 지속됐으며, 2세기경 기독교 저술가였던 테르툴리아누스는 이러한 상황을 두고 "순교의 피가 곧 교회의 씨앗이다"라는 말을 남겼다.

AD 70년 예루살렘이 멸망한 유대 민족과 성전은 솔로몬 이후 다시 한번 파괴당하는 치욕을 겪어야 했다. 헤롯 성전은 파괴됐고, 오늘날 그 자리에는 통곡의 벽만이 남아있다. 2세기 변증가들의 예리한 '전도' 1세기에 박해를 받았던 그리스도인들은 2세기를 맞으며 좀 더 성숙해지고, 예리해졌다. 후대 교부들은 이 변증가들의 주장을 기독교의 핵심 진리로 체계화한 것으로 전승된다. '관용의 칙령'으로 특징되는 '밀라노 칙령'이 종교적인 관용을 제도적으로 확립하는 결과를 낳았다. 이후 325년 콘스탄티누스 황제는 니케아 종교회의를 소집하고, 당대 그리스도교를 분열하게 했던 성직자 아리우스의 견해를 단죄했다. 아리우스는 하나님만이 유일한 하나님이며 성자인 예수는 창조된 존재라고 주장했다. 니케아 신조는 가톨릭 주교들의 견해를 담은 것임에도 불구하고 오늘날 이 니케아 신조 신앙고백을 신앙의 기준으로 삼는 개신교 교단이 대다수다. 복음을 전파하며 그들의 활동을 알려주고 있는 책이 신약 사도행전이다. 초대교회 역사는 삶의 현장이므로 '일터교회 신학'으로 돌아가야 하겠다.

2021년 11월 15일

솔로몬일터교회 담임/잡뉴스솔로몬서치 대표
저 자 김 동 연 교 수

추천의 글

좋은 집을 지으려면 좋은 설계도가 있어야 하고, 먼 항해를 하려면 나침판이 있어야 하고, 먼 여행을 떠나려면 지도가 있어야 하는 것처럼 좋은 신학의 길과 사역의 길을 가려면 관련된 분야에 양서(良書)가 있어야 할 것이다.

이번에 현대 목회사역의 뉴패러다임의 '일터 교회 신학과 영성 성숙'을 논문으로 출간하고 본교인 웨스트민스터신학대학원에서 강의함으로 교회 사역에 새로운 패러다임을 제시하고 그 대안을 주장하고 있다. 곧 이어서 '초대교회사 현장 가는 길'을 저술하여 세상에 내놓았다. 본서는 한국 신학계와 교회에 정통 역사신학서로서 변변찮은 자료 찾기가 쉽지 않은 차에 참으로 쉽고 정확하게 초대교회 현장을 조명해 볼 수 있는 좋은 이정표가 되리라 확신한다.

본서를 저술한 저자는 영성이 깊고 학문적 자질이 뛰어나며 현장감 있는 글을 쓰고 직접 현장실습의 사역도 하는 김동연 교수이다. 이 책을 읽고 기독교 역사를 연구하고 묵상하면서 사역에 임하는 목회자와 신학도, 그리고 초대교회사의 지침서로 진리의 교훈을 받는 평신도들에게 초대교회 현장을 한 눈으로 보는 가이드라인이 될 것으로 예측한다.

역사신학의 길을 잃지 않으며 너무 난해(難解)하다는 역사신학의 차원을 넘어서서 누구나 읽고 초대교회의 역사 현장을 지금의 현장으로 확인하듯 엮은 명저(名著)이다. 이 글을 읽는 자마다 초대교회 원형을 찾고 그곳에 역사하신 성령님의 행하심을 맛보고 새로운 미래의 교회관이 형성되기를 소망한다.

오래 만에 쉽고 명확하게 초대교회 시작과 성장, 성숙의 확장을 한눈에 볼 수 있어서 다행스러운 일이다. 좋은 책을 펴낸 김 교수의 노고에 경의를 표하며 읽고 사용하는 목회자, 신학도, 그리고 그리스도인에게 미래 교회의 새 비전이 형성되어 바른 교회의 사역과 신앙의 삶을 살아가기를 바란다. 그로 인해서 복음전도의 새 전략이 되기를 바라며 이에 본서를 적극 추천하는 바이다.

2021년 11월 15일

웨스트민스터신학대학원대학교

총 장 정 인 찬 박 사

■ • 목 차

▪ ▪ Contents

■ ▪ Tables 리스트

교회사는 무엇인가?

Do you know what church history is?

Chapter-1

교회사는 무엇인가?

Do you know what church history is?

i. 교회사의 정의

1. 신학의 3부분 중 하나

교회사의 다른 이름으로서 '역사신학'(歷史神學, Historical theology)은 '성경신학'(Biblical theology)과 '조직신학'(Systematic theology), 그리고 그와 더불어 신학의 3부문 중 하나로,[1] 역사학적 방법을 동원하여 자료를 엄밀하게 음

---

[1] "Toward a theology of cooperation:A historical, biblical, and systematic examination of the compatibility of cooperation and autonomy among local Baptist churches" by Waldrop, Michael Wayne. 2012년 7월 19일에 확인.

"The three branches of theology, namely historical, biblical, and

미하고 기독교 신앙의 역사를 연구하는 기독교 신학의 한 분야를 말하고
있다.[2]

2. 기독교의 기원과 발전과정의 서술

A. 구원 역사를 연구하는 학문

교회사는 기독교의 기원과 그에 대한 발전과정을 역사적으로 서술하는
것이라고 말할 수 있다. 교회사의 서술적인 시작을 어디서부터 규정할 것
인가에 대하여 완벽한 결론이 나 있지 않다. 그러나 교회사는 인간 세계
와의 관계와 구원역사의 조직화 등을 연구하는 학문을 말한다.

B. 교회사의 입장

일반 세계사와 교회사의 내용을 서술적으로 봐도 그런 구별은 분명하게
나타나지 않는다. 어떤 의미에서는 세계사 속에서 교회사가 진행되는 것
같다고 생각되겠지만, 진정한 학문을 하는 개혁 보수적인 신학적 입장에
서는 이 부분을 확고하게 다뤄야 한다. 성경적인 교회 역사를 연구하는
역사 신학적(Historical theology)인 입장에서는 이를 배격하면서 교회 역사가
세상에서 해야 할 일을 찾아 나가야 한다.

---

systematic, provide the template by which to pursue this theology of
cooperation."

[2] 역사신학에서는 해당 신학적 개념, 진술 또는 체계를 발생시킨 사회적 · 역사적 · 문
화적 메커니즘을 연구한다. 역사신학의 연구와 방법론의 주된 초점은 연구 대상인 인
물 혹은 주제에 영향을 끼친 주요한 신학적 사항들을 역사적 관점에서 판정하고 설명
하는 것 뿐만 아니라 신학과 역사적 환경과의 관계를 해명하는 데 있다. 이런 점에서
역사신학자들의 주된 관심사는 신학의 역사적 발달과정이다[다음 위키백과 사전].

C. 교회사의 통찰 방법

교회 역사를 어떻게 통찰해 갈 것인가? 하는 방법은 다양한 접근으로 이뤄질 수 있다. 학문적, 신학적, 역사적, 성경적 입장에서 기독교의 기원과 그 발전과정을 역사학적 방법을 사용하여 교회사를 통찰해가야 할 것을 요구하고 있음을 간파하는 것이 중요하다. 교회사는 기독교의 신학의 한 분야로서 그 방법에 집중해야 할 필요가 있다. 기독교나 성경은 과적의 시공간을 지나오면서 자연스럽게 형성된 것이므로 그에 적응하는 방법을 시도하여 사실적인 면을 찾기 위해 그 일면들을 통찰해 가는 것이다.

3. 교회사의 시작의 기점

A. 교회 역사의 방편으로의 세계 역사

교회 역사를 일으켜 세워 가시기 위한 하나님의 매우 사려 깊은 조치를 고려하면서 세계 역사를 발생시켜 진행해 오셨던 방편을 인식하지 않으면 안 될 것이다. 세계 역사와 교회 역사는 지금 우리가 생존해오는 동안 분명히 함께해 왔다. 그 두 부분을 개관적으로 그리고 구체적으로 구분하면서 서로 그 연관성에 대한 것들을 면밀하게 연구해야 마땅하다고 본다.

교회사는 세계사에 속한 것인가? 그것은 결코 아니다. 이 주제를 쉽게 결론 낼 수가 없다. 오히려 세계사는 교회사를 진행해 가는 하나님의 유일한 방편으로서 사용되어져 왔다고 보는 것이다. 구속사는 창조주 하나님의 고유한 일이므로 일반적인 세상 역사와는 본질적으로 다르다는 것

16

을 본서를 통해 밝혀지게 될 것이다.

세계 역사는 교회 역사가 아니라 해서 모든 피조물의 활동을 하나님의
특별한 역사로만 국한 시키거나 그렇게 취급하는 견해는 좀 무리가 있다.
그렇다고 해서 세계 역사 안에 교회 역사를 혼합시키거나 또 교회 역사
를 비역사과정이라고 단정 짓는 것은 모순이 있다는 말이다.

B. 예수 그리스도 십자가 사건 기점[3]

교회사의 시작을 예수 그리스도의 십자가 사건과 부활 이후의 사도행전
의 오순절 역사로부터 기점을 두고 있다. 바로 이것은 예수의 제자들과
증거자들에 의한 복음전파 사역의 시작에서부터 기독교의 역사의 기점(起
點)을 잡고 시작해야 한다.[4]

Table-1

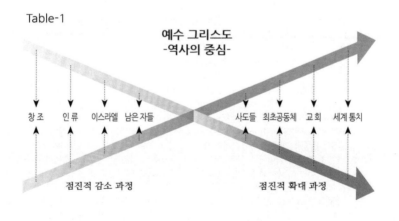

예수 그리스도
-역사의 중심-

창조 인류 이스라엘 남은자들 사도들 최초공동체 교회 세계통치

점진적 감소 과정   점진적 확대 과정

---

3) 배수영, 성경 신학적 맥락으로 본 하나님의 구속사, 서울:도서출판 예루살렘, 2003,
p.49.
4) Henry Chadwich, The Early Church, New York:Penguin, 1967, pp.131-132

ii. 교회사 연구의 이유

1. 구속사로서의 장(場)

기독교 역사는 하나님께서 인류를 향하여 그의 계획을 세우고 섭리를 펼쳐 나가시는 구속사[5]로서의 장(場)이라고 보고 싶다. 시공간이 합일되어 역사가 형성되고 그 순간마다 하나님께서는 인류역사의 구속의 역사를 단 한 순간도 쉬지 않고 진행해 가셨다.[6]

옛날이나 지금이나 하나님께서 가장 깊은 관심을 가지고 계시는 주제가 '인간에 대한 구원이라는 이슈'(Salvation for human beings)이다. 그 구원을 위하여 세속사 속에 구속사인 교회 역사(기독교 역사)를 진행해 가신다. 여기에는 인간의 지혜와 모략, 그리고 그 능력으로 결코 전 우주적인 역

---

[5] 배수영, 성경 신학적 맥락으로 본 하나님의 구속사, 같은 책, p.12.
  하나님에 대하여 알아가도록 학문적(Academical)으로 이해하고 설명하는 것을 신학 (Theology)이라고 할 수 있다. 그 신학 안에서 하나님의 구원역사[1]에 관하여 조직적인 이해와 연구를 필요로 하는 성경신학적 이슈들이 있다. 그것을 체계화한 것이 성경신학적 관점[1]에서 보는 구속사(The Redemptive of God)라고 말할 수 있다. 이 과목은 하나님의 구속에 대한 계획과 예정과 섭리적 원뜻을 조명하고 연구하기에 충분한 성경신학 분야와 절충된 신학의 분야이다. 하나님의 구속사로서 구원의 주체인 삼위 하나님의 사역의 본질(엡1:3-12)을 깨달아 구원의 대상이 믿어 구속의 현재적 발생과 미래적 결정을 보게 한다.

[6] 하나님의 구원(Salvation)은 구속(Redemption)의 개념과는 다소 다르게 표현되고 있을뿐, 본질적 개념은 동일하게 사용되고 있다. 구속은 노예상태로부터의 해방 또는 위험에 빠진 사람이나 나라를 대신 해서 구해주는 행위이다. 구약성경에서 구원으로 번역된 히브리어는 '예슈아'(yeshuah)로 자연재해나 적의 침입과 같은 실제적이고 역사적인 상황과 관련되어 사용되고 있다. 신약성경에서는 구원으로 번역된 헬라어는 '소테리아'(soteria)로 주로 죄, 죽음 그리고 사탄의 권세로부터 믿는 이들을 구해내시는, 예수 그리스도를 통한 하나님의 사역과 관련하여 쓰였다. 구원이 예수 그리스도를 통해 이루신 하나님의 사역이기 때문에 인간이 할 일은 하나님께서 주시는 은총을 믿음으로 받는 것 뿐이다. 그리고 구원의 대상은 이스라엘 자손(사45:17) 뿐 아니라 이방인(롬11:-12, 갈3:8), 즉 모든 사람(마18:14, 롬1:16)을 가르킨대두란노 비전 성경사전, '구원'의 주제에서 인용].

사를 이끌어 갈 수 없다. 한 인간의 구원, 한 가정의 구원, 나아가 한 민족과 전 세계의 구원은 전능하신 하나님의 구원 역사로만 가능한 일이다.

2. 기독교 역사에 대한 진리(교훈)

역사적 현장이었던 시공간(視空間)에서 발생했던 과거의 역사를 통해 그때의 사건이나 사고, 그리고 인물 등에 관해 교훈(instructive)을 찾아내고 그 의미를 부여하면서 장차 다가올 미래에 대한 지혜와 대안을 찾고자 하는 것이 역사에 대한 진리를 얻는 것이 된다. 이렇게 하면서 우리가 한번도 가보지 못했던 미래라서 두려웠던 일들을 사전에 대처하는 일이 본 과목에 대한 교훈이라고 할 수 있다.

3. 신앙의 유산 상속

인류에게 미래보다는 과거를 더 소중히 여기며 기독교 역사를 연구하는 것이 뜻있고 지혜로운 일이라고 말하고 싶다. 가서의 시공간에서 발생했던 신앙의 역사적 유물과 인물들을 신학적으로 고찰함으로 현대 그리스도인들에게 신앙의 유산을 상속받게 하는 것이 본 과목의 사명이고 그 이유일 것이다.

뿌리 없는 생명이 존재하지 못하는 것은 당연한 이치가 아닌가? 그러므로 기독교 역사의 연륜(年輪)으로서 신앙적으로 가치와 진리의 교훈은 우리가 이 과목을 통해서 뿌리 깊은 교회 역사의 상속을 받아서 선교적, 교회적인 사명을 이뤄가야 할 것이다.

4. 대 원천적 동력-기독교

세계 문명과 문화의 발달과정에서 기독교가 대 원천적(大源泉的) 동력인 것을 발견하고 그 맥락을 깨닫게 하는 것이 중요하다. 나중에 이르러 얻은 결론에 비하면 처음은 미약하고 보잘 것 없을 수 있다. 그렇다고 처음을 무시하거나 생략한 과정은 무언가 잘못된 것이다. 문제는 아무리 화려하고 풍성한 결론이라도 그 시작을 간과해서는 올바른 교회사의 원천을 무시하게 되는 것이다.

세계 문명과 문화는 기독교가 원천적이라는 사실을 인정하기 위해서 그 출발과 뿌리를 제대로 연구하자는 것이 기독교 역사를 연구하는 이유이기도 하다.

5. 영적인 힘 공급

기독교 역사는 아무리 지나간 일이라 해서 그 가치가 사멸(死滅)되거나 감소(減少)되는 것이 아니다. 오히려 역사를 더 거슬러 올라가서 오랜 사건과 인물들 연구하면 할수록 그 안에 생명을 가치를 찾게 되고 구원의 진리의 보석을 찾게 되는 것이다. 그러므로 교회사 연구를 통해 능력 있는 영적인 힘을 공급받도록 한다.

교회사뿐만 아니라 기독교의 어느 학문의 분야이든지 영적인 힘을 공급해주는 것은 사실적인 면이다. 그러나 교회 역사는 지나간 역사 속에 발생한 사건과 인물들에 의해 진리를 찾는 것으로서 그 영적인 능력이 훨씬 더하리라 보고 있다.

iii. 교회사의 학문적 관계

1. 역사신학의 위치

-신학의 분야는 여러 분야로 구분하게 된다 이 가운데 '교회사'는 역사신
학(歷史神學, Theology of History)과 동일한 학문 분야이면서 다른 주제로 사
용하게 된다.
-역사신학은 일반적으로 계시의 역사로서의 성경신학(聖經神學)과, 교회의
성립과 전개를 연구하는 역사신학(교회사학, 敎會史學)으로 대별 된다.

2. 역사신학의 종류

-전자(前者)의 성경신학에는 구약학(舊約學), 신약학(新約學), 성경 본문사(聖
經本文史), 성경주석학(聖經注釋學), 성경해석학(聖經解釋學) 등이 있다.
-후자의 역사신학에서는 교회사(敎會史), 교리사(敎理史), 종교개혁사(宗敎改
革史), 교회정치사(敎會政治史), 선교역사(宣敎歷史), 신조사(信條史), 고고학(考
古學), 기독교 사상사(基督敎思想史), 기독교 문화사(基督敎文化史) 안에는 기
독교 미술사, 기독교 음악사 등이 있다.[7]

3. 교회사의 연구 범위

---

[7] 여기서 망라하는 주제들은 역사신학뿐 아니라 성경신학의 분야도 거론되고 있다. 이
어서 거론되는 역사신학에 대한 분야들을 들고 있는 것이다. 성경신학은 모든 분야에
관계를 갖는 기초적인 학문이기 때문에, 성경신학으로서 역사신학에서 독립시키는 학
자도 있다.

교회사의 연구는 '전 세계적인'(worldwide)인 대상을 정하여 그 범위에서 발생되는 역사적인 관점과 성경적인 관점에서 연구되고 취급된다고 할 수 있겠다.

iv. 교회사의 시대별 구분

교회사의 구분을 고대교회사, 중세교회사, 근세교회사, 현대교회사, 종교개혁사 등 5개 단계로 시대를 구분하여 정리하고 있다.

1. 고대 교회사(A.D. 1-590)

복음전파를 시작하신 예수 그리스도로부터 그레고리 1세 즉위 시까지를 말한다.

A. 사도 시대(A.D. 1-100)-[8]

그리스도로부터 사도들의 활동이 끝날 때까지-이때를 교회의 건설기를 가리키고 있다.

B. 사도 후 시대(A.D. 100-313)[9]

---

8) 이 시기는 기독교의 박해가 시작된 때이다. 자동 반사적으로 기독교가 각지로 전파되었다. 또 신약 성경이 기록되기 시작했다. 이 때의 성도들의 성령 충만한 삶과 바울의 개종과 세계선교로 각 지역에 교회가 세워졌으며 세계적인 종교로 부상한 것이다.
9) 이 시기는 약 250년 동안 10대 로마 황제들의 대 박해가 끊임없이 이어졌었다. 그 결과로 지하로 숨었던 교회가 지상으로 나오게 되었고, 기독교가 로마의 국교로 선포되었다. 교부들이 등장하고 정경이 형성되거나 집성 되었다.

사도 후 시대는 콘스탄틴 대제가 기독교를 로마 국교로 공인할 때까지-
이때를 교회 핍박기라고 말하고 있다.

C. 니케아 회의 시대(A.D. 313-590)-10)

중세교회사가 시작된 중요한 이슈는 로마 카톨릭 시대를 형성하게 된 계
기가 있다. 그것이 교회 안에 교황이 나타나는데, 초대 교황으로서 그레
고리 1세가 즉위할 때까지-신학의 조성기를 말하고 있다.

2. 중세 교회사(590-1517)

-중세교회사는 서구에 있어서는 기독교의 전성기 역사에 해당 된다. 그
레고리 1세 즉위부터 종교개혁 시작까지 1000여 년까지를 말한다. 로마
카톨릭의 서구적 기반의 확립, 게르만 민족의 교화, 조직적 교회 제도의
정비를 이룩한 노정이다.
-결국 중세의 각 제국의 봉건적 군주제도와 교황권이 제휴하여 서구사회
를 기독교적으로 건설하는 시기였다.

A. 과도기 시대(590-800)

프랑스 대제, 샤를마뉴 즉위까지-선교 발달기

---

10) 이 시기는 소위 밀라노 칙령(313)으로 기독교가 로마의 국교로 인정(395)되었다. 기
독교 교리적인 논쟁이 발생되었다. 이 시기에 사도신경이 인준되었고(381), 삼위일체
의 논쟁과 펠라기우스 논쟁이 발생했다. 한편 교황제도로 국왕권이 약화되었다. 한편
교회의 세속화로 수도원 운동이 활발했다.

B. 로마교회 확립시대(800-1073)

교황 그레고리 7세(힐데브란트) 즉위까지-동서교회 분리기를 말해주고 있는데 이것은 지상의 한 집단으로 있던 로마 가톨릭교회의 시대를 말한다.

C. 로마교회 전성시대(1073-1303)

교황 보니페이스 8세 사망 시까지-기독교의 실질적(實質的) 생활기를 말하고 있다.

D. 로마교회 쇠퇴시대(1303-1517)

말틴 루터의 종교개혁까지-종교개혁의 전초기를 가리켜 주고 있으며,이미 로마 가톨릭교회가 스스로 쇠퇴하면서 종교(교회)개혁에 대한 암시를 해주고 있다.

3. 종교 개혁사(1517-1648)

A. 기간-말틴 루터의 종교개혁에서 가톨릭교회 부흥까지

말틴 루터의 종교개혁으로부터 근세 로마 가톨릭교회의 발전과 종교 전쟁인 십자군의 전쟁사(History of the Crusades) 시대를 포함하고 있다. 그와 함께 30년 전쟁사와 웨스트팔리아 조약까지의 시대를 말한다.

B. 형성-프로테스탄트

말틴 루터의 종교개혁은 결과적으로 가톨릭 교회의 정면 도전을 불러왔고 마침내 프로테스탄트 교회의 형성을 가져왔다.

C. 정신-왜곡된 로마 가톨릭에서 초대교회 정신으로

-'프로테스탄트리즘'[11]은 단순히 로마 가톨릭교회에 대한 반동으로 형성된 단일교회의 성격이 아니다.

-초대교회로부터 잘못 전승되어 진 가톨릭교회의 왜곡된 성경관과 역사적 교회관으로부터 초대교회의 올바른 복음으로 돌아가는 개혁정신으로 말할 수 있다.

4. 근세 교회사(1517-현재)

종교(교회) 개혁부터 현재까지를 말한다.

A. 종교개혁 시대(1517-1648)-신교발생기

종교개혁 시작부터 웨스트팔리아(Westpalia) 강화 조약까지를 말한다.[12] 이

---

[11] 배수영 저, 21세기 칼빈주의 신학 사상적 변증서-칼빈 신학과 그의 후예들, 서울:예루살렘출판사, 2008, p.29.
'프로테스탄트리즘은 Reformation-개혁주의로 대변할 수 있으며, 이것은 초대 교회로의 역사적 전통을 이어가는 신학사상을 말한다.

[12] Richard W. Cornish, 5 Minute Church Historian, NavPress, a division of The Navigators, U.S.A., 2010, pp.214-217.
'종교전쟁에서 정치전쟁으로.'17세기초 유럽에는 30년간의 종교전쟁을 말한다. 이 전

종교개혁이 기독교를 발생하여 현대에 이르러 세계 온 인류에게 공헌한 것이다.

B. 근세 시대(1648-1800)-신교확장기

이 시기는 프랑스 혁명까지를 말한다. 기독교가 확장했던 시기이다.

C. 최근세 시대(1800-현재)-세계기독교화기

이 시기는 세계기독교가 자리를 잡아가는 시대를 말하고 있다.

5. 현대 교회사

A. 관점-역할 수행

현대교회사는 제1차 세계대전 이후부터 오늘날에 이르기까지 교회의 역사로 급변하는 세계문명, 정치, 사회의 노정에서 교회가 어떻게 대처하고

쟁을 마무리한 웨스트팔리아(Westph- alian Treaty)조약이 1648년에 체결되었다. 이 조약 이후의 세계를 '웨스트팔리아체제'라 부르고 이는 오늘날까지 계속되고 있다. 말틴 루터의 가톨릭에서 종교개혁으로 기독교를 세운 후 갈등이 발생하면서, 독일의 [기독교]와 [가톨릭] 양교도 간의 반목이 커져 갔다. 1555년에 있었던 아우크스부르크 화의(和議) 이후에도 그 응어리가 가시지 않아, 17세기 초 양교도 간의 제후(諸侯)들은 각기 [기독교 연합]과 [가톨릭교 연맹]을 결성했다. 유럽의 각 국가들은 양교도로 분리하여 대립하면서 전쟁을 30년간 계속했다.
1637년 독일의 황제위를 계승한 페르디난트 3세는 전세의 불리와 국내 제후들이 오랜 전쟁으로 시달려 1641년 종전(終戰)을 제의했다. 1644년부터 열린 강화회의는 지지부진하다가 1648년 웨스트팔리아조약이 성립되어 30년간의 종교전쟁은 종지부를 찍었다. 이로써 독일 제후국 내의 [가톨릭] [루터파] [갈빈파]는 각각 동등한 지위를 확보했다(후스토 L. 곤잘레스, 중세교회사에서 요약 인용).

26

있으며 그 역할을 수행해 가고 있는가의 주안점에 있다.

B. 사명-의무와 책임

특별히 소위 기독교 안에서 일컫는 신학 노선(神學路線)이라고 할 수 있는
보수주의와 개혁주의, 진보주의의 출현과 현대교회의 세계사적 사명, 현
대 세계 속에서의 기독교회의 진정한 의무와 책임이 오늘날 교회의 역사
적 사명으로 조명되고 있다.

초대 교회의 배경-1

Background of the Early Church-1

Chapter-2

초대 교회의 배경-1

Background of the Early Church-1

i. 정치적 배경 : 로마의 정치

그리스도의 교회와 로마의 정치적 관계는 미묘하게 얽혀있다. 초대교회라 불리는 그리스도 교회의 출발점은 지금의 팔레스틴(Palestine, 이스라엘)에서 부터 시작된 것이다. 그 당시의 팔레스틴의 지정학적 사회학적인 상황은 로마의 정치적인 배경하에 있었다.

그러므로 팔레스틴은13) 로마의 속국(지배국)으로서 존재할 수밖에 없었

---

13) 현재의 이스라엘을 가르키는 말로 팔레스타인은 블레셋(Philistines)의 이름에서 왔

다. 이스라엘 국가(팔레스틴)의 주변국들은 로마의 모든 영향을 받고 있는 것처럼 팔레스틴 역시 로마의 강력한 영향력 아래 있게 되었다.

1. 로마의 속국

-이스라엘 국가(팔레스틴 영토 안)에서 탄생된 초대 교회의 위치는 그대로 로마 제국의 속국 아래 놓이게 된 것이다. 초대 교회가 어떤 정치적인 정략을 꾀하기 위해 막강한 군사력이나 정치력, 그리고 문화 사회적인 풍부한 영향력을 지니고 있는 국가를 선택했던 것이 아니다.

-초대교회가 선택할 어떤 근거도 가지지 못한 상태에서 숙명적으로 속국이라는 그 명맥을 이어가게 되었다.

다. 헬라 역사의 아버지라고 불리는 헤로도투스가 B.C. 5세기에 처음으로 성지를 가리켜서 팔레스티네(Palestina) 라 했고 후대 로마인들은 팔레스티나(Palestina)라 불렀다. 예전에는 가나안이라 부르다가 이스라엘이라 부르고 바벨론에서 돌아 온 후는 유대라 불렀고 기독교가 발생 후부터 성지라는 칭호가 생겼다.

팔레스틴이라 부르는 땅은 북은 단, 남은 브렐세바, 동은 요단강, 서는 지중해로 남북이 225km 넓이는 북방이 40km 남방이 144km 면적 15,540Km2로 우리나라의 경기도 보다 조금 크다. 인구는 가장 번성하였던 다윗과 솔로몬 시대에 약 200만 내지 300만으로 추측된다.

1948년 독립 당시에 이스라엘인만 겨우 65만이었다. 귀환 동포 50만과 이 나라에 잔유하고 있던 아리비아인 70만을 합하여 185만이 된다. 이곳은 아시아 애굽 유럽 3 대륙의 고대 문화의 접촉하는 교량이 되는 특수한 위치에 있고 애굽과 메소포타미아를 연결하는 대통로에 가깝고 주민들은 통과하는 대상과 상인에게 당시 세계정세를 알기 쉽게 되었다 이 땅은 천연적으로 구분되어 있다(신1:7).

(1) 요단강 유역의 저지 평원 아라비아 사막, (2) 유대 중앙산맥 할 산지, (3) 산지와 연안 평원의 중간에 있는 구릉지 쉬히라 분지, (4) 남부에 있는 건조지 네게브, (5) 지중해 연안의 블레셋 평원 호후하얌(해변), (6) 모압 고지, 미숄 평야(신3:10)등 이다. 이 지역 내에서는 최고지가 1,219 m, 북 헤르몬 산은 2,852m로 사시 백설에 덮혀 있고 이 산에 발원하여 흐르는 요단강은 깊은 계곡을 이루고 사해는 지중해 수면보다 390m나 낮다. 이와 같은 지역의 환경으로 그 기후도 여러 가지로 변동이 많고 동식물 분포도 한대에서 열개에 이르기까지 다양하다. 이 팔레스틴을 젖과 꿀이 흐르는 땅이라 하여 사막에 사는 사람들은 대단히 부러워했다(출 3:8,17, 13:5, 33:3, 레 20:24, 민 13:27, 14:8, 16:13, 14, 13 신 26:9, 15 렘 11:5, 32:22, 겔 20:6,15,).

A. 주권을 빼앗김

-이스라엘 국가의 정치, 경제, 사회, 국방의 주권은 모두 로마 제국이라는 거대한 국가의 권력 아래 속하게 되었다.
-이스라엘 국가는 한 나라로서의 주권의 기본적인 모든 면을 다 빼앗기고 말았다.

B. 종교적 주권 허락

-로마 제국이 정복국가를 지배하는 원리는 반드시 그 나라의 문화나 종교 사회적 특성, 그리고 전통 등을 인정해 주면서 지배해 갔다. 이스라엘 국가를 지배하면서 그들에게 약간의 자치권과 종교적인 행사를 할 수 있도록 했다.
-예를 들면, 산헤드린 의회에 대해 이스라엘 지도급에 속한 자들에게 종교적인 차원에서 자치권을 허락해 준 것을 말한다.
-이런 방법은 로마인들이 타 정복국가를 효과적으로 다스리기 위한 전략적인 차원에서 그렇게 한 것이다.

2. 로마의 지리적 범위

당시 지리적 환경에서 로마가 정복했던 국가들을 일컬어 '로마의 세계적인 정복'이라고 할 수 있다.

A. 태평양 연안 로마 통치의 영토 범위

횡적(橫的)으로는 영국에서-바사 왕국(페르시아, 지금의 이란)까지, 종적(縱的)으로는 북 아프리카에서-북 유럽까지가 당시 로마의 영토의 범위였다.

B. 지중해-the Mediterranean Sea.

-전 세계적인 지형으로 보면, 오대양 육대주(The five great oceans and the six continents)로 형성돼 있다. 그중 지중해는 700년 이상 '로마인의 바다'였다.

-유럽과 북 아프라카의 모든 나라의 해면을 차지하는 지중해가 한 나라(로마)의 호수처럼 지정되었다. 유럽과 아시아, 그리고 아프리카 세 대륙에 둘러싸인 지중해를 자신들의 호수로 만들어 통치했던 로마인들의 업적을 잘 말해준다. 이 말은 부정할 수 없는 사실이었다.

-고대사(古代史)가 흘러 들어가고 근대사(近代史)흘러 나왔다
근대 서양 역사학의 아버지 랑케는 '로마사를 모든 고대사가 흘러 들어가고 근대사가 흘러나오는 하나의 집합점인 호수로 보았다'.[14]

-이는 로마인들이 선진 오리엔트 문명과 그리스 문명을 어떻게 통합하였고, 그것이 다시 중세를 거쳐 어떻게 근대사로 이어졌는지를 표현한 명언이다.

C. 로마가 건설한 도로

세계의 주요 지역과 각 국가의 모든 길이, 로마로 통했다. 이를 가리켜 '사통팔달'(running in all directions)이라는 말이 나온 것이다.[15]

---

14) Harry R. Boer, A Short History of The Early Church, W. B. Eedmans Publishing Company, 1965, p.75.

3. 로마의 전성기, 200년

A. Pax Romana[16]

아우구스트 시저(August Caesar) 황제가 즉위하여 통치기간 동안 로마 제국이 태평성대를 누리는 전성기의 기간을 말한다.

B. 국가체제 바뀜

아우구스트(아구스도) 시저 황제 통치하에 '로마 공화국'(Republic of Rome)을 '로마 제국'(Empire Rome)으로 개정하여 명명했다.

C. 성경의 증거

로마 황제 아우구스트가 로마가 지배하는 속국 전체 국가에 대하여 호적령(戶籍令)을 내렸다.

"이 때에 가이사 아구스도가 영을 내려 천하로 다 호적하라 하였으니"(눅2:1).

---

15) Running in all directions, accessible from all direction-사통팔달 도로망, 교통망, 통신망 따위가 이리저리 사방으로 통함, 이리저리 사방으로 통하는 것의 의미를 가지고 있다.

16) Pax Romana:이 말은 로마제국이 세계적으로 최대 태평성대를 누리는 평화의 시대를 일컫는다. 아우구스투스 황제 때(BC 27~AD 14)부터 마르쿠스 아우렐리우스 황제 때(161~180)까지 지중해 세계가 비교적 안정을 누렸던 시기를 말한다. 아우구스투스 황제가 이 평화로운 시기, Pax Romana의 기초를 마련했으며, 그러한 평화의 기운은 스코틀랜드·북아프리카·페르시아까지 확산되었다. 로마 제국은 개개의 속주들을 다스리며 로마에 완전히 복종하는 한도 내에서 이들에게 자체의 법령을 제정하고 집행할 수 있는 권한을 부여했다.

4. 로마 제국의 태평성대의 원인

-로마 제국의 태평성대의 원인으로 크게 두 가지 원인을 찾을 수 있다.

-두 가지 원인은 외적 평화 조건과 내적 평화 조건이다.

A. 외적 평화 조건

-강한 로마 군대로 인한 국토를 통일시켜 나갔다.

-헬레니즘(Hellenism)[17]이 로마 사회를 문화적으로 지배했다.

-이상적인 법(Polity) 제정, 행정의 일원화를 꾀하여 민심을 모았다.[18]

-사통팔달의 도로를 건설했다. 로마에서 세계 어느 길로도 통할 수 있도록 전 도로망을 연결하여 교통발달을 취한 것이다.

---

[17] Hellenism은 Hebraism과 함께 세계적인 사상과 문화를 비롯한 인간이 조성해 놓은 최고 양대 산맥의 사상적 정신을 대표하는 원류라고 볼 수 있다.
Hellenism:그리스의 고유문화가 오리엔트 문화와 융합하여 형성한 그리스의 사상, 문화, 정신, 예술 등을 문화사적, 정치사적 관점에서 이르는 말이다. 그리스 문화와 오리엔트 문화를 접목하여 형성한 헬레니즘 문화는 세계 시민주의와 개인주의 성향이 강하다(다음 국어사전).
Hebraism:고대 히브리 인의 사상, 문화 및 전통. 유대교와 기독교의 전통을 아울러 이르며 헬레니즘과 함께 유럽 사상, 문화의 2대 원류이다.
그러므로 헬레니즘과 헤브라이즘의 사유와 기원 등에 관하여 간략하게 말하자면, 헬레니즘은 인본주의이고 헤브라이즘은 신본주의다. 헬레니즘은 이성(理性)이 핵을 이루고 헤브라이즘은 신앙(信仰)이 근간이 된다. 헬레니즘은 그리스에서, 헤브라이즘은 이스라엘에서 나온 것이다. 헬레니즘은 인간의 지혜가 바탕이고 헤브라이즘은 하나님의 말씀이 바탕이라고 하겠다.
[18] '로마의 이상적인 법'이라함은 그들이 정복한 지배국에 대한 고유의 종교와 문화, 그리고 전통 등을 존중해 주면서 온건한 통치를 행사하므로 속국의 백성들이 큰 동요를 일으키지 않고 협조하는 체제를 구가한 것이다.

B. 내적 평화 조건

-유대인들의 각 계파(系派)가 형성되고 있었다.[19]
-사회 각 계층간 서로의 갈등이 존재하고 있었다.
-그리스도의 출현으로 내적으로 평화가 유지되었다.

C. 종교 상태 혼란

-너무 조용한 평화 뒤에 따라 오는 사회적 속성은 도덕이 문란하게 되고 종교가 혼란에 빠지게 되며 그에 따라 잡신(雜神), 황제 숭배 등이 성행하게 되는 것을 역사적으로 알 수 있는데 그 당에도 그렇다는 것이다.
-이러한 혼잡 상황으로 사상적으로 혼란하게 되면 그 한편으로 영적 감화와 생명력이 있는 기독교를 동경하는 정서가 찾아오게 된다.

D. 철학 사상의 혼미

-로마제국에 영향을 끼쳤던 철학사상
  a. 스토아 철학(Stoicism, 이성주의, 규칙적 철학),
  b. 에피쿠로스파 철학(Ephicurrianism, 쾌락주의, 유물적 철학),
  c. 플라톤. 신플라톤주의(Neo-Platonism. 범신론, 무신론) 철학 등으로 방황

---

19) 유대교는 기독교와 대비되는 종교로 유대인의 종교로서 구약성경의 10계명을 지키는 사람들이다. 현재 전 세계적으로 1400만여 명의 신도가 있는 것으로 통계되고 있으며, 특히 공산주의 국가들과 독일 나치의 탄압을 받아온 종교이다. 유대교는 율법의 문자적 해석을 주장하는 보수파와 자유로운 해석을 주장하는 개혁파로 구분한다. 예수 그리스도가 활동하는 주후 초기에는 바리새파(Pharisees), 사두개파(Sadducees), 에세네파(Essenes) 열심당(혁명당) 등으로 나뉘어 있다.

함으로서 한편, 그 대안으로 기독교의 신앙이 자연적으로 받아들여지게
되었다.

ii. 사상적 배경 : 헬라 철학

1. 소크라테스(Socrates, 470-399 B.C.)

A. 고대 그리스의 철학자

−서구 문화의 철학적 기초를 마련한 고대 그리스의 위대한 철학자 가
운데 한 사람이다.
−그의 사상은 문답(問答)을 통하여 상대로 하여금 스스로의 무지(無知)를
깨닫고 참다운 지식을 탐구하도록 하였다,
−시민의 도덕의식을 개혁하는 일에 힘썼다. 신(神)을 모독하고 청년을
타락시켰다는 혐의로 독배(毒杯)를 받고 죽었다.

B. 그의 사상

−소크라테스의 철학사상은 그의 제자 플라톤의 활약으로 알려졌다.
−소크라테스 저작물, [대화편,](對話篇)에서 구체적으로 소개하여 후대에
전해졌다.

2. 플라톤(Plato, 425-343 B.C.)

A. 소크라테스의 제자

-고대 그리스의 철학자(?BC 429~?BC 347)이다.

-형이상학(形而上學)의 수립자로 소크라테스의 제자이며 아리스토텔레스 스승이다.

-젊을때 정치를 지망하였으나 스승인 소크라테스가 처형되는 것을 보고 정계에의 미련을 버리고 인간 존재의 참뜻이 될 수 있는 것을 추구했다.[20]

B. 플라톤 철학사상

-기원전 385년경 아테네의 서북부에 학원 아카데메이아(Academeia)를 개설하여 철학 연구와 교육에 몰두했다.

-플라톤의 철학의 탐구로 그의 사상은 헬라 철학의 정상적인 위치에 이르렀다.

-플라톤 철학사상은 2000년 유대 사상과 기독교 사상에 큰 영향을 끼쳤다.

C. 플라톤의 철학 논리

a. 'Idea(관념, 인식)+Matter(형상, 물질)'

-플라톤의 중기에는 초월적인 이데아(idea)를 참 실재로 하는 사고방

---

[20] 소크라테스를 주요 등장인물로 한 [소크라테스의 변명], [크리톤], [파이돈], [향연], [국가], [대화편, 對話篇] 등 다수를 지었다. 또한 자신의 이러한 사상을 바탕으로 두 번이나 시칠리아 섬을 방문하여 시라쿠사의 참주(僭主) 디오니시오스 이세(二世)를 교육하여, 이상적인 철인 정치를 실현시키고자 했으나 좌절을 맛보기도 하였다.

식을 전개하였다. ,

b. 이데아의 최고의 가치는 '선'(goodness)을 내세우고 있다. '지식'(knowledge)을 거부한다.

-신(神)에 닮아 가는 가능성은 '인식'이라 했다. 이는 '인격적 신'(Personal Theos)을 말하지 않는다.

D. 범신론적 신관(神觀)

-플라톤의 신관은 생각을 선한 것으로 하여 누구든지 신을 생각하고 닮아 가면, 그는 곧 신(하나님)이 된다고 했다.
-플라톤은 인격적 신은 인정하지 않는다. 이것은 무신론이 되는 것이라고 한다.

3. 스토아 철학(Stoicism)

A. '스토익 주의'

-기원전 3세기 초에 형성된 스토아학파의 철학사상이다.
-'스토익주의'는 플라톤의 제자들이 주장하는 철학적 관점으로 나중 중세교회가 많은 영향을 받은 사상이다.
-이 사상은 윤리학을 중요하게 여겼고, 유기적 유물론 또는 범신론의 입장에서 금욕과 극기를 통해 자연에 순종하는 현인(賢人)의 생활을 이상으로 삼았다.

B. 스토익 주의(철학)의 뜻

-'스토익주의(Stoicism,, Stoa'의 의미는 길 어귀, 현관을 의미한다.
-아테네(Athen) 사람들이 토론을 위해 시장이나 길 어귀에서 모이는 습
관을 두고 말하는 것이다.

C. 스토익주의 원리21)

-스토익주의(Stoicism.)은 이성을 극히 존중하였고, 이성에 쫓아서 생활
할 것을 강조하였다. 사람은 누구나 이성(理性)을 지니고 있는한 평등하고,
전 세계 인류는 형제이며 동포이자 같은 시민이라고 주장하였다.
-아리스토텔레스(Aristoteles, 384-322 B.C.)에게서 영향을 받았고, 귀족들
사이에서 성행하였다.
-우주의 원리보다 인간의 윤리(ethics)를 중시하며, 유물주의적 범신론이
다. 이것은 플라톤의 관념론과 배치된다.
-순전한 영이 아니다. 마음, 육체는 물질이다. 한 예로서, 신(神)에 대
한 개념은 하나의 불(火)로서 타오르는 에너지로 보는 것이다.
-사람의 영을 신(神)의 부분으로, 신적(神的) 영향력으로 본다.
-덕(德)-인간의 최고 목적이며, 자제력 있는 인간, 완전한 인간으로 본
다는 것이다.

---

21) 스토아 학파는 우주의 자연은 욕심이 없고, 그 지배원리인 로고스의 분신을 본성으로
   가지고 있는 인간은 마땅히 욕구나 유혹에 동요되어서는 안되며, 이성에서 비롯되는
   양심의 명령에 절대 순종해야 한다고 역설하였다. 철저한 극기와 금욕 및 준엄한 도
   덕주의를 강조하였다. 스토이시즘은, 인간은 시간과 공간을 초월하여 보편타당성을
   갖는 자연의 법에 절대로 순응해야 한다고 강조하여 근대 자연법 사상의 원천이 되었
   으며, 로마의 만민법에도 큰 영향을 주었다.

D. 스토아 철학 사상 결과

-이 사상은 결국 기독교에 부정적인 영향을 끼치고 만다.

-유물주의적 범신론에서 파생된 스토익주의는 하나님의 절대성 보다 인간의 상대성에 가치를 둔다.

-그러므로 신적(神的)인 사상 보다 더 신중한 가치를 인간적(人間的)인 면에 두기 때문에 기독교와는 오히려 더 이질적(異質的)인 철학사상으로 보고 있다.

3. 에피쿠로스파(Ephicurrianism)-쾌락주의

A. 유물적 철학관

-에피쿠로스를 따르는 추종자들(행17:18)의 주장은 신들은 사람의 삶에 관심이 없기 때문에 죽은 다음에 형벌을 두려워할 필요 없다고 단호히 주장했다.[22]

-죽음은 사람을 이루고 있는 원자들이 분해되는 것일 따름이라고 말하면서 유물적 철학관을 주장했다.

B. 쾌락주의 추구

-에피쿠로스와 그의 추종자들은 만족한 가운데 또 좋은 교우 관계 가운데서 풍요롭고 안이하게 사는 삶만 추구했다.

---

[22] 헬라 철학자 에피쿠로스(주전 342-270년).

4. 플라톤, 신플라톤주의(Neo-Platonism)

-범신론에서 무신론으로 전락한 철학사상이다.

-신플라톤주의(Neoplatonism)라는 용어는 19세기 독일의 자유주의 신학자인 프리드리히 슐라이어마허(Friedrich Schleiermacher, 1768~1834)가 이전의 플라톤 사상과 구별하기 위해 처음 사용하였다.

-신플라톤주의 철학의 특징으로서 플라톤 철학의 가상 큰 특징은 이데아(Idea)설에 기반한 이원론적 세계관에서 두드러지게 볼 수 있다.

-플라톤은 감각으로 지각되는 물리적 세계는 제한적이지만 지성으로 파악되는 이데아의 세계는 영원·불변하다고 보았으며, 개개의 사물들은 완전한 이데아의 불완전한 모사(模寫)에 지나지 않는다고 했다.[23]

A. 신플라톤주의 시작

-어거스틴이 태어나기 100여 년 전, 암모니우스 사카스는 이집트의 알렉산드리아에서 철학 학파를 하나 세웠다. 이것이 신플라톤 철학의 시작이다.

-이 모임에 함게 참여했던 플로티누스는 10여 년 동안 공부하고 난 뒤에 이 학파의 사상 체계에 대한 가장 탁월하고 영향력 있는 대변자가 되었다.

B. 이중적 신관

---

23) 신플라톤주의(Neo-Platonism,Neoplatonism, 新—主義), 두산백, 네이버 지식백과.

-다원성을 포괄한 신과 복합성을 허용치 않는다는 신관(神觀)을 가지고 있다.

-신플라톤주의자들이 보는 신관은 모든 존재의 근원으로서 모든 대립적 관계를 포괄한다.

-정신과 영혼, 형상과 질료, 이 세상의 다양한 것들을 포괄한다. 근원자로서의 신 자신은 다원성이나 복합성을 허용하지 않는 절대적인 유일자라고 한다.

C. 일원론적 요소를 지닌 사상

-플라톤 사상에 연원(連原)을 둔 사상으로서 선악의 이원론적 대립을 극복하도록 유도하는 강한 일원론적 요소를 지니고 있었다.[24]

-순수한 정신의 유출을 통해 멀어지는 상태에서 육체적, 물질적 세계에 가깝다고 하면서 그 존재는 크게 세 단계로 이뤄진다고 했다.[25]

a. 순수한 정신 혹은 마음을 말한다.

b. 궁극적 해방은 순수정신에 이르는 길에 들어서는 것을 말한다.

c. 유일자로부터 멀어질수록 물질적 세계에 가깝다고 보았다.

---

[24] 모든 존재는 충만한 자기 충족적인 유일자의 차고 넘치는 본질에서 유출된 양상을 가진다.

[25] 순수한 정신의 유일자로부터 유출되어 멀어질수록 육체적이거나 물질적인 세계에 가까운 것이며, 그 윤리적 성격에서 완전하지 못한 것으로 간주되었다. 따라서 존재자들의 궁극적 해방은 순수정신에 이르는 길이며, 육체성과 물질성에서 벗어나는 과정을 필요로 한다고 보았다. 또한 이 세상은 완전한 존재인 신의 완전함이 넘쳐난 결과로서 유출된 것으로 생각되었다. 그래서 창조란 완전한 존재로부터 불완전한 존재로의 일탈이요, 유출이라고 한다. 그래서 완전한 유일자로부터 멀리 떨어질수록 더욱 불완전한 존재가 되는 것이요, 가까울수록 신적 완전성에 이른다고 보았다.

3. 다른 대안을 찾게 됨

A. 범신론, 무신론 사상에 영향

-헬라 철학과 플라톤, 신플라톤주의 철학 등은 당시 사람들에게 지식과 삶의 정체감을 깨우쳐 주는 듯했으나 범신론과 무신론 사상에 영향을 끼쳤다.

B. 대안-기독교 신앙 추구

-영혼과 정신의 만족을 가져다주지 못했던 것이다. 자연적으로 사람들은 지적 추구에 만족하지 않고 한편 그 대안으로 기독교의 신앙이 받아들여졌다.

초대교회의 배경-2

Background of the Early Church-2

Chapter-3

초대 교회의 배경-2

Background of the Early Church-2

iii. 종교적 배경 : 유대 역사에 대하여

I. 유대 종교역사

A. 성육신-Incarnation

-예수 그리스도의 초림(Jesus Christ's First Comming)은 율법, 선지자, 예언자를 폐하러 온 것이 아니라 완성하러 오신 것이다(마5:17).
-'성육신'(成肉身)이란, 예수께서 육신을 입고 세상에 오신 일(롬8:3; 딤

전3:16). 곧, 하나님이신 그리스도께서 사람의 몸을 입고 동정녀를 통해 탄생하신 인류 구원의 역사적 사건을 말한다(골2:9).

－사도 요한은 이를 '말씀(로고스)이 육신이 되어 우리 가운데 거하시매 …'(요1:14)라고 했다. 이를 '수육'(受肉), 또는 '화육'(化肉), '도성인신'(道性人身)이라고도 한다.

－성육신은 하나님의 자기 계시의 절정이다(히1:1-2). 물론 이것은 자신의 존재를 드러내시는 데 그 목적이 있는 것이 아니라 죄인을 구속하는 데 근본 목적이 있다. 즉, 십자가에서 죽으심으로 죄인을 그 죄와 절망에서 구원하시고자 성육신하셨다(히2:14-15).

－성육신은 무한한 존재가 유한한 세계(자연계)에 개입하신 것으로, 그 본질에 있어서는 성육신 이전이나 이후가 변함이 없다. 말씀(로고스)이 육신을 덧입은 것이며, 따라서 그 말씀(로고스)은 성육신 후에도 영원한 존재로 위치하신다(요1:14).[26]

B. 구약의 역사

유대 종교 역사의 이해를 위해 구약의 역사를 돌아보는 것이다.

Table-2 구약 성경 역사에 준한 12시대

시 대	주 요 사 건	관 련 성 경
창조시대 ?~B.C.2166	우주 창조, 인간 타락, 노아 대홍수와 바벨탑 사건	창1-11장
족장시대	히브리 민족의 조상-아브라함,	창12-50장

---

26) 성육신([Incarnation], 교회용어사전: 교리 및 신앙, 2013, 네이버 지식백과.

B.C.2166~1805	이삭, 야곱, 요셉의 생애, 욥의 고난	욥기
출애굽시대 B.C.1805~1406	애굽에서 탈출, 성막의 건축, 시내산에서 율법 언약 체결, 가데스바네아 반역 사건	출애굽기, 레위기, 민수기, 신명기
정복시대 B.C.1405~1390	가나안 정복 정착 전쟁, 가나안 땅의 각 지파별 분배	여호수아서
사사시대 B.C.1390~1050	이스라엘의 범죄로 이방민족 침입과 사사들을 통한 구원, 룻과 보아스의 결혼, 사무엘의 탄생	사사기, 룻기, 사무엘상1-7장
통일왕국시대 B.C.1050~930	다윗의 이스라엘 왕위 등극, 다윗 언약 체결, 솔로몬 성전 건축	삼상8-31장, 삼하1-11장, 대하1-9장,시편,아가서
분열왕국시대 B.C.930~586	여로보암 반역, 남북 왕국분열, 앗수르의 북 이스라엘 멸망, 바벨론의 남 유다 왕국 멸망	왕상12-22장, 왕하, 대하10-36장, 사,렘,애,소선지서
포로시대 B.C.586-539	다니엘과 세 친구의 환난과 구원, 바사에 의한 바벨론멸망	에스겔, 다니엘
포로귀환시대 B.C.538	3차에 걸친 바벨론 포로 귀환, 스룹바벨 성전 건축 및 예루살렘 성벽 재건	에스라, 느헤미야, 에스더, 학개, 스가랴, 말라기
신구약 중간시대 B.C400-4	헬라 정복자들의 성전 모독, 마카비 혁명, 로마 티토 장군의 예루살렘 정복, 헤롯 성전 건축	마 1:18-25, 마 2:1-18
예수 그리스도 시대 B.C.4-A.C30	예수 그리스도의 탄생, 세례와 시험 승리, 십자가 대속 죽음과 부활, 승천	사복음서
초대교회시대 A.D.30-100	오순절 성령 강림, 스데반의 순교, 바울의 개종과 세계 선교여행	

-예수 그리스도, 12제자, 사도 바울, 초대교회 성도 대부분의 구성원은 유대인이다.

-구약의 역사는 이스라엘(유대)의 역사라고 볼 수 있다. 초대교회는 유대인들의 이스라엘 역사의 연장선상으로서 연구하게 되는 것이다.

-한 나라의 역사를 이해하는 데에는 언제나 그 시대 구분이 제일 중요하다. 어느 한 사가(史家)는 "역사학이란 시대 구분 작업이다"라고 평한 적이 있다.

-결국 성경 역사의 초기인 이스라엘 민족 역사를 중심으로 성경 역사의 구분을 시도해 보면 대략 다음의 도표와 같이 12시대로 구분해 볼 수 있다.

이것은 정치, 경제, 문화 등의 일반적 분류 기준보다는 이스라엘 역사가 곧 하나님이 택하신 구약 선민의 역사라는 관점에서 즉 구속사적 관점에서 큰 획을 그은 주요 사건 별로 구분한 것이다. 이것은 가장 일반적인 성경 시대 분류이기도 하다.

C. 유대 역사의 종교

-유대의 역사는 이스라엘의 종교사(宗敎史)로서도 그 본질을 찾을 수 있게 된다.

-이스라엘의 역사에 관한 것을 고찰하는 것은 이스라엘의 종교역사를 바로 아는 것이다.

-이스라엘의 종교역사는 하나님의 구속역사와 함께 성찰하는 것이어야 하며, 성경의 역사를 이어서 현대 교회사까지 성찰하는 것을 말하고 있는 것이다.

2. 바벨론 포로시대

A. 유대왕국 통일

-초대 왕 사울의 실정(失政)으로 피폐해진 이스라엘 왕국을 다윗이 차기(次期) 왕으로 등극하게 된다.

-이스라엘 제2대 왕 다윗의 통치 기간에 이스라엘 왕국은 약 40년간 왕국 사상 가장 태평성대가 이뤄졌다.

다음은 다윗의 위대한 업적 몇 가지이다.

　　a. 이스라엘이 전란(戰亂)에 시달리고 왕의 폭정(暴政), 그리고 지역 이기주의에 의해 사방으로 흩어진 백성을 끌어 모았다.

　　b. 이스라엘의 주변국 이방 왕들에 빼앗겼던 국토를 다시 찾아 통일시킨다.

　　c. 이스라엘에게 위협적인 민족들을 전쟁으로 제압하고 전 이스라엘 국토를 평정하기에 이른다. 비로서 통일왕국은 시작되었다.

B. 유대왕국 분립

-다윗이 물려준 왕위는 그의 아들 솔로몬에게 이어지고 다시 솔로몬의 아들 르호보암에게 계승된 왕위로 이스라엘 통치하면서　두 개의 왕국이 남과 북으로 분리되고 만다. 이스라엘의 불행은 두 개의 왕국이 분리되면서 시작되었다.

-유　　다(남쪽)-2지파가 르호보암을 중심으로.
-이스라엘(북쪽)-10지파가 여로보암을 중심으로,

-이스라엘 북 왕국이나 유다 남 왕국이 모두 멸망하고 만다.

a. 유대 왕국이 침공 당함(586 B.C)

-당대 최대의 왕국을 통치하던 이스라엘 주변국 바벨론의 느브갓네살 왕이 그의 군대를 이끌고 유다 남 왕국을 침공했다.

-국권을 유린당한 남 유다 왕국의 왕족과 상류층, 그리고 수많은 지식층이 바벨론으로 포로로 끌려갔다. 다니엘과 그의 세 친구등의 엘리트 부류도 이때 바벨론으로 끌려가 포로가 되었다.

b. 이스라엘 왕국(721 B.C)

-앗수르 왕국은 발달한 철 공업을 기반으로 철기로 무장한 군대로 북 이스라엘 왕국을 침공하여 멸망시켰다.

-국경을 폐쇄시키고 이방 민족을 대거 북 이스라엘로 이주시키고 단일 민족(유대인)을 혼합 국가를 만들어 버렸다.

-그로부터 단일 민족으로서 하나님 만을 섬기던 유일신 사상이었던 이스라엘 백성은 혈통적으로 혼혈되면서 민족정신과 사상적으로 혼합 민족으로 전락해 버리고 말았다.

3. 70년 포로 시련기의 두 가지 결실

A. 유일신 사상 재정립

a. 남유대 왕국 백성의 깨달음

-이스라엘 백성은 고국인 예루살렘 등에서 우상, 잡신(雜神)을 섬기며 하나님의 마음을 아프게 했다는 것을 가슴저리게 깨달았다.

b. 유일신 사상 재정립

-남유대 왕국 백성들은 바벨론으로 포로로 잡혀가서 시련을 통해 기도하면서 자신들이 경배하는 대상은 하나님 한 분이라는 '유일신론 사상'(monotheism thought)[27]이 강하게 재정립이 되었다.

c. 북이스라엘 백성의 구별된 백성 자격 상실

-북이스라엘 왕국의 백성은 정복한 앗수르 제국에 세속화되이 가기 시작한 것이다. 이는 거룩한 하나님 백성의 속성을 차츰 잃어 가는 것을 말하고 있다.

-그리고 이방 민족과 혼혈화(mixed race)로 구별된 하나님 백성의 정통성, 즉 유대인의 혈통이 사라지고 말았다. 그러나 육적인 혈통보다는 영적인 혈통을 중시하는 이스라엘 종교적 타락을 말하는 것이다.

B. 회당 (Synagogue), 종교적 제도 형성

a. 회당 개념

-이스라엘 백성들이 여호와께 예배하면 그 만남의 장소로 사용되던 곳은 포로기 이전까지 예루살렘 성전뿐이었다.

-예루살렘에 하나밖에 없던 성전이 각 지역마다 회당 개념으로 바뀌면서 이스라엘 백성이 성전을 중심한 구심점은 거의 사라져 가기 시작했다고 본다.

-온 민족의 우람한 성전에서 하나님께 제사를 드리던 예식을 변두리

---

27) 싱글레어 B. 퍼거슨 외 1인 편, 아가페 신학 사전, 서울: 아가페출판사, 2001, p.818.
유일신론(唯─新論)-한 하나님 밖에 없다는 신앙을 말한다. 이 용어는 보통 이스라엘이 믿었고 기독교 교회가 이어받은 한 하나님에 대한 신앙을 가리킨다고 했다.

지역에 초라하게 자리한 조그만 회당을 중심으로 율법, 계시, 토라를 낭독하게 되었다.

b. 새로운 신앙사상 형성
  -이스라엘 왕국의 수도인 예루살렘 성전에서 제사로 이뤄지던 중앙집중적 개념에서 변두리 지역적 개념으로 전환되었다.
  -이스라엘의 여호와를 섬기는 유일신의 사상이 바벨론이라는 이방의 지역적 신앙 사상으로 다시 형성되어가는 형태였다.

4. 헬라 통치 시대

A. 새 예루살렘 재건

a. 귀 환 : 바사(페르시아) 왕국의 고레스 왕이 포로로 잡혔있던 이스라엘 백성에게 그들의 조국 이스라엘(팔레스틴) 땅으로 귀환할 것을 명령했다.
b. 재 건 : 바벨론에서 귀환한 이스라엘 백성, 에스라, 느헤미야의 주도로 새 예루살렘을 재건했다(332 B.C.).
c. 번 영 : 종교적 자유로 새롭게 번영할 때이다.

B. 알렉산더 대왕(Alexander the Great)

a. 알렉산더 대왕 득세
  -그리스(Greece)의 필립 왕의 아들 알렉산더가 역사의 무대 위에 등장하게 된다.

-알렉산더 대왕이 역사의 수면 위로 부상하면서 아시아를 비롯하여 유럽과 주변 국가들을 정복한 후 세계를 평정하게 되었다.

b. 알렉산드리아 수도 세움(B.C. 332년)
-애굽(이집트)을 정복한 알렉산더 대왕은 그 수도를 알렉산드리아로 명명한 후 인구 250만의 세계 최대의 도시 중의 하나인 도시를 세운다.
-상업 활동과 문화 활동이 활발하게 발생하게 된다. 신앙적으로 유명한 인물들이 많이 배출되었다.

C. 유대인과의 제휴

a. 새 역사의 장
-알렉산더(Alexander) 대왕과 흩어진 유대인(Diaspora Jews)과의 제휴는 새로운 역사를 창출하게 된다.
-이스라엘 나라의 좁은 지역을 벗어나 세계의 비전을 보면서 뻗어나가게 된 것이다.
b. 디아스포라(Diaspora)의 증가
-각 나라에 흩어져 본국으로 귀환하지 못한 유대인들은 예루살렘에 거주하는 유대인보다 많았다.
-그들은 셰 각 지역에 흩어짐으로 분포된 현상을 나타냄으로 거기서 하나님의 유일사상을 각 나라마다 증거하게 된 것이다.
c. 정치활동 참여
-이스라엘의 변란으로 흩어진 유대인들은 알렉산더 대왕의 정치활동에 참여하게 되었다.
-이스라엘 사람들은 각 국에 거주하면서 그 나라의 사정을 알려주는

등 알렉산드리아의 중앙 무대에서 자리를 굳힌다.

　d. 이방에서의 뿌리28)
　-이스라엘 백성은 나라를 잃은 설움은 컸지만, 그 나라에서 번성하고 생육해 갈 수 있는 터전을 쉽게 쌓아 갈 수 있었다.

D. 애굽 정복

알렉산더 대왕이 애굽(이집트)을 정복한 후 새로운 수도를 세우면서 도시명을 알렉산드리아(Alexandria)로 명하여 세웠다. 이때, 역사적인 두 가지 특이한 점이 발생한다.

　a. 헬리폴리스(Helipolis) 성전 세움
　-오니아스(Onias, 예루살렘 대제사장 아들)는 대제사장의 계승에 실패하여 애굽으로 피신을 가게 되었다.
　-애굽의 '태양 신' 헬리폴리스 신전을 이용하여 유대인들의 성전을 거기다 세운다(164B.C). 이 성전은 이스라엘의 흩어진(Diaspora) 유대인의 종교적 목적으로 이용한다.
　b. 70인 역 성경(Septuagint) 발행
　-알렉산드리아는 새롭게 건설되면서 발전하여 아울러 헬라 문화와 학문, 문명이 꽃을 피우게 된다.
　-70인 역의 성경을 발행함에 있어, 유대인 학자를 동원하여, 히브리어의 구약성경을 헬라어로 번역하여 '70인 역'(Septuagint)이 발간되어 구약

---

28) 정치적 협력으로 유대인들은 이국에서의 많은 혜택을 누리게 되고 이방나라 안에서 쉽게 뿌리 내릴 수 있었다.

성경의 복음의 진리를 세상 밖으로 퍼지는 결정적 역할을 하게 된다.[29]

　　c. 외경(The Apocrypha)
　　-구약성경과 구별된 이름으로, 유대인들은 이를 '성문서'(聖文書)라 고
부르고 있다.
　　-'외경'(外經)은 70인 역을 발행할 때 부록으로 첨가된 12개 저작물
(200-70B.C)이다.

5. '마카비'(The Maccabees) 독립 운동

A. 알렉산더 대왕 사후

　　-알렉산더 대왕의 사후(死後)에 후계자들이 이스라엘의 유대인들의 제
사를 방해하는 등 토라(Torah)를 불사르게 된다.
　　-이스라엘 신앙으로는 대단한 배교 행위에 해당 된다. 이에 극도로
분노에 치달은 유대인들은 격렬하게 저항하게 되며 이에 따른 유대인들
에게 독립운동이 자주적인 본능이 활발하게 발생하게 된다.

B. 주도권 쟁탈

　　-이스라엘의 제사장 마타디아스(Mathathias)와 다섯 아들 등 독립운동
일으킨다(141B.C). 다섯 아들 중 마카비 유다가 로마 군대와 주도권을 쥐
고 싸워 이스라엘이 독립하게 된다. 그러나 마카비 유다는 전쟁터에서 전

---

29) 70명의 유대 학자가 성경번역에 참여했다고 하나 역사적 기록의 근거가 없다는 것으
로 나타나고 있다.

사한다.

C. 80년간 독립국 이스라엘

　-마카비의 동생 시몬(Simon)이 다시 이스라엘의 왕으로 등극한다. 그 이후로 이스라엘은 80년 동안 국가로서 주변의 열방 가운데서 든든하게 세워져 갔다.

종교적 파당과 메시야 대망

Religion Secessionist and Aspiration for Messiah

Chapter-4

종교적 파당과 메시야 대망

Religion Secessionist and Aspiration
for Messiah

i. 이스라엘의 내란

1. 로마 제국의 세력 확장

A. 지중해 중심 세력 확장

-강력한 국가 로마가 제국으로서 그 세력을 외부 세계로 확장하면서 영향력을 폭발적으로 키워나갔다.

-지중해를 중심하여 유럽과 아시아와 북아프리카까지 로마 제국은 군대를 앞세워 정복의 세력을 확장해 가기 시작했다.

성경적 세계관의 틀과 문화를 도구로
다음 세대를 세우는 토론식 성경공부 교재

삶이 있는 신앙 시리즈

정치
경제
사회
문화
미디어
대중매체

BIBLE

우리가 만든 주일학교 교재는 성경적 세계관의 틀과 문화를 도구로 합니다.

왜 '성경적 세계관의 틀'인가?

진리가 하나의 견해로 전락한 시대에, 진리의 관점에서 세상의 견해를 분별하기 위해서

◇ 성경적 세계관의 틀은 성경적 시각으로 우리의 삶을 보게 만드는 원리입니다.

◇ 이 교재는 성경적 세계관의 틀로 현상을 보는 시각을 길러줍니다.

왜 '문화를 도구'로 하는가?

어린이, 청소년, 청년들의 삶에 가장 큰 영향을 끼치는 것이 문화이기 때문에

◇ 문화를 도구로 하는 이유는 우리의 자녀들이 문화 현상 속에 젖어 살고, 그 문화의 기초가 되는 사상(이론)을 자신도 모르게 이미 받아들이고 있기 때문입니다.

◇ 공부하는 학생들의 삶의 현장으로 들어갑니다(이원론 극복).

✦ 다른 세대가 아닌 다음 세대 양육

자기 생각에 옳은 대로 하는 포스트모던적인 사고의 틀을 벗어나, 하나님의 말씀에 기초해서 생각하고 행동하는 성경적 세계관(창조, 타락, 구속)의 틀로 시대를 읽고 살아가는 "믿음의 다음 세대"를 세울 구체적인 지침서!

✦ 가정에서 실질적인 쉐마 교육 가능

각 부서별(유년, 초등, 중등, 고등)의 눈높이에 맞게 집필하면서 모든 부서가 "동일한 주제의 다른 본문"으로 공부하도록 함으로써, 가정에서 부모와 자녀가 함께 성경에 대한 유대인들의 학습법인 하브루타식의 토론이 가능!

✦ 원하는 주제에 따라서 권별로 주제별 성경공부 가능

성경말씀, 조직신학, 예수님의 생애, 제자도 등등

✦ 3년 교육 주기로 성경과 교리에 대한 기본적인 이해가 가능하도록 구성(삶이 있는 신앙)

- 1년차 : 성경말씀의 관점으로 본 창조 / 타락 / 구속
- 2년차 : 구속사의 관점으로 본 창조 / 타락 / 구속
- 3년차 : 하나님 나라의 관점으로 본 창조 / 타락 / 구속

"토론식 공과는 교사용과 학생용이 동일합니다!" (교사 자료는 "삶이있는신앙" 홈페이지에 있습니다)

1 목적

부지불식간(不知不識間)에 대중문화와 또래문화에 오염된 어린이들의 생각을 공과교육을 통해서 성경적 세계관으로 전환시킨다. 이를 위해 현실 세계를 분명하게 직시함과 동시에 그 현실을 믿음(성경적 세계관)으로 바라보며, 말씀의 빛을 따라 살아가도록 지도한다(이원론 극복).

2 구성

쉐 마 분명한 성경적 원리의 전달을 위해서 본문 주해를 비롯한 성경의 핵심 원리를 제공한다(씨앗심기, 열매맺기, 외울말씀).

문 화 지금까지 단순하게 성경적 지식 제공을 중심으로 한 주일학교 교육의 결과 중 하나가 신앙과 삶의 분리, 즉 주일의 삶과 월요일에서 토요일의 삶이 다른 이원론(二元論)이다. 우리 교재는 학생들의 삶 속에서 일어나는 문화를 토론의 주제로 삼아서 신앙과 삶의 하나 됨(일상성의 영성)을 적극적으로 시도한다(터다지기, 꽃피우기, HOT 토론).

세계관 오늘날 자기중심적인 시대정신에 노출된 학생들의 생각과 삶의 방식을 성경적 세계관을 토대로 바라보게 함으로써, 자신을 돌아보고 삶에 적용하는 것을 돕는다.

3 설교

학생들이 공과의 내용을 잘 이해하고, 공과 공부 시간을 풍성하게 하기 위해서, 부서 사역자가 매주 '동일한 주제의 다른 본문'으로 설교를 한 후에 공과를 진행한다.

권별	부서별	공과 제목	비고
시리즈 1권 (입문서)	유·초등부 공용	성경적으로 세계관을 세우기	신간 교재 발행!
	중·고등부 공용	성경적 세계관 세우기	
시리즈 2권	유년부	예수님 손잡고 말씀나라 여행	주기별 기존 공과 1년차-1/2분기
	초등부	예수님 걸음따라 말씀대로 살기	
	중등부	말씀과 톡(Talk)	
	고등부	말씀 팔로우	
시리즈 3권	유년부	예수님과 함께하는 제자나라 여행	주기별 기존 공과 1년차-3/4분기
	초등부	제자 STORY	
	중등부	나는 예수님 라인(Line)	
	고등부	Follow Me	
시리즈 4권	유년부	구속 어드벤처	주기별 기존 공과 2년차-1/2분기
	초등부	응답하라 9191	
	중등부	성경 속 구속 Lineup	
	고등부	하나님의 Saving Road	
시리즈 5권	유년부	하나님 백성 만들기	주기별 기존 공과 2년차-3/4분기
	초등부	신나고 놀라운 구원의 약속	
	중등부	THE BIG CHOICE	
	고등부	희망 로드 Road for Hope	
시리즈 6권	유년부		2024년 12월 발행 예정!
	초등부		
	중등부		
	고등부		

◆ 『삶이있는신앙시리즈』는 "입문서"인 1권을 먼저 공부하고 "성경적 세계관"을 정립합니다.

◆ 토론식 공과는 순서와 상관없이 관심있는 교재를 선택하여 6개월씩 성경공부를 할 수 있습니다.

성경적 세계관의 틀과 문화를 도구로 다음 세대를 세우고,
스토리story가 있는, 하브루타chavruta 학습법의 토론식 성경공부 교재

성경적 시각으로 포스트모던시대를 살아갈 힘을 주는
새로운 교회 / 주일학교 교재!

시리즈

삶이 있는 신앙

국민일보◎
CHRISTIAN EDU BRAND AWARD
기독교 교육 브랜드 대상

토론식 공과(12년간 커리큘럼) 전22종 발행!

기독교 세계관적 성경공부 교재   고신대학교 전 총장 전광식
신앙과 삶의 일치를 추구하는 토론식 공과   성산교회 담임목사 이재섭
다음세대가 하나님 말씀의 진리에 풍성히 거할 수 있게 될 것을 확신   총신대학교 명예교수 신국원
한국교회 주일학교 상황에 꼭 필요한 교재   브리지임팩트사역원 이사장 홍민기

소비 문화에 물든 십대들의 세속적 세계관을
바로잡는 눈높이 토론이 시작된다!

발행처 : 도서출판 삶이 있는 신앙
공급처 : 솔라피데출판유통 / 주소 : 경기도 파주시 문발로 123 솔라피데하우스
주문 및 문의 / 전화 : 031-992-8691 팩스 : 031-955-4433
홈페이지 : www.faithwithlife.com

B. 로마의 속국

-로마 군은 지금의 팔레스타인 반도에 진출하여 그 당시 이스라엘 국가를 점령해 버렸다,

-그때부터 이스라엘은 로마의 속국으로 전락한다(63 B.C). 따라서 이스라엘은 약 1세기도 채 안 되는 동안 로마의 정복으로 인하여 내란이 일기 시작했다.

2. 헤롯 대왕(Herod the Great) 등극

A. 헤롯 왕 임명

-로마는 유대를 점령한 후에 에돔 사람 헤롯을 앞세워 유대 왕으로 등극시킨다. 이방인을 유대 왕국의 통치자로 세운 것이다.

-이것은 유대인들의 로마에 대한 불평과 미움을 로마로 집중되는 것을 막고 에돔으로 돌리려는 술책이었다.

B. 비열한 통치자

-유대 왕으로 세워진 에돔 사람 헤롯은 비열한 통치자이다. 그는 자신의 아내를 살해했으며 그의 장모와 세 아들까지 살해한 장본인으로 악명 높은 자이다.

-베들레헴 관내의 두 살 이하였던 아기를 자신의 왕직(王職)에 대한 불안 때문에 몰살시켰던 악인이다.

3. 유대 분할 통치

헤롯 왕이 사망한 후 그의 세 아들에 의하여 유대 땅이 분할 통치되면서 유대의 정치적 사회적 분위기는 더욱 한순간도 예측할 수 없는 상황으로 빠져들어 갔다.

A. 아켈라오 Archelaus-유대, 이두매, 사마리아

-아켈라오는 헤롯의 아들이자 그의 계승자이다.

-이스라엘 백성들이 아켈라오가 너무나 잔인하고 표독한 통치자이기 때문에 오히려 로마에 구원을 요청할 정도였다.

-이에 요청에 대한 응답으로 본디오 빌라도(Pontius Pilate), 벨릭스(Felix), 베스도(Festus), 플로루스[30] 같은 총독들을 차례로 이스라엘에 파송했다.

-그러나 워낙 정치적, 사회적으로 언제 반란이 발생할지 몰라 유대지역 같은 민감한 곳에 총독으로 파송되는 것을 원치 않았다.

-따라서 유대인들은 자주적인 독립을 향한 열망이 좀처럼 식지 않았다. 그들은 과거 시리아 압제자들의 멍에를 벗고 독립을 쟁취했던 마카비 시대가 오기를 염원했다.[31]

---

[30] 유대 총독을 지냈던 게시우스 플로루스는 돈을 좋아하고 유대인들을 증오했던 이문이다. 이에 자연히 따라오는 것은 유대 그가 유대를 통치하는 동안에 얼마나 많은 유대인들의 근심과 핍박이 가해졌을 것이라는 것을 짐작할 만 하다. 그는 유대잇들의 종교적 감수성을 인정해주지 않았으며, 세금 수입이 부조할 때는 예루살렘의 은을 강제로 압류하여 빼앗을 정도였다. 유대인들이 이에 대한 반항심이 커지자 로마 군대를 동원해 주민들을 학살하고 십자가에 못 박았다.

[31] A. Kenneth Curtis, J. Stephen Lang, The 100 Most Important Events in Christian History, Baker Book House Company, Mic., 1991, pp.18-19.

B. 안티바 Antipas-갈릴리, 베뢰아

-안티바는 자신의 형제 빌립의 아내를 취한 자이다.

-첩 헤로디아의 딸 살로메가 간청하여 그의 선물로 주기 위해 세례 요한의 목을 베었던 파렴치한이다.

C. 빌립 Philip-요단 저편

-빌립은 헤로디아의 첫 남편이었다.

D. 본디오 빌라도 Pontius Pilate

-빌라도는 이스라엘 유대 지방의 5번째 총독이었으며, 주후 26년부터 36년까지 10년 동안 유대를 통치했던 로마인이다.[32]

-예수님을 재판했던 본디오 빌라도는 평소에 가이사랴 성에[33] 머물렀다. 빌라도는 여기서 일을 했고 절기 때에는 예루살렘으로 갔다.

-예수님이 고난받은 그때가 유월절이어서 빌라도는 예루살렘에 주재

---

[32] 본디오 빌라도의 잘못된 유대지역의 통치는 우리가 늘상 예배나 집회에서 고백하는 사도신경에서 거론되고 있다. "예수 그리스도는 본디오 빌라도에게 고난을 받으사"라고….

[33] 페니키아 사람들에 의해서 건설된 가이사랴는 주전 30년에 아우구스투스가 이 지역을 포함하여 해안평야를 헤롯 대왕에게 주었다. 헤롯은 매우 황폐한 지역을 받고도 비교적 짧은 기간, 주전 22년부터 10년까지 이곳을 큰 도시로 만들고 그 이름을 '가이사랴'라 함으로써 로마와 아우구스투스 황제에 대한 자신의 충성심을 한껏 나타내 보였다. 헤롯은 가이사랴를 알렉산드리아와 같은 국제무역항을 만들려고 했다. 팔레스타인 해변은 밋밋하게 생겨서 폭풍이 불어올 때는 배가 안전하게 정박할 수 있는 만(灣)이 없었다. 그래서 헤롯은 인공방파제를 만들어 항구도시의 기능을 살렸다. 이 항구는 그 당시 매우 유명했다. 주전 4년 헤롯 대왕이 죽자 이 지역은 그의 아들 헤롯 아켈라오가 유대의 분봉 왕이 되어 다스렸다.

하고 있었다.

-이곳에서 본디오 빌라도의 이름이 쓰인 석판이 발견되었다. 이 석판은 예수님의 십자가 사건이 역사적으로 발생되었다는 것을 증명하는 중요한 유물이다.[34]

E. 헤롯 아그립바 Herod Agrippa

-사도행전 12장에 헤롯 대왕의 손자 헤롯 아그립바 1세가 벌레에게 먹혀 죽는 사건이 나온다.

-그가 극장에 나타났을 때 백성들이 그를 '신이여 신이여!'라고 외쳤다. 그는 그 영광을 하나님께 돌리지 않았으므로 주의 사자가 그를 치므로 벌레에게 죽었다.

-하나님의 영광을 가로챈 왕의 최후가 어떤지를 분명히 알려주는 역사의 현장이다.

ii. 종교적 파당

1. 종교적 파당

---

[34] 가이사랴는 성경의 많은 인물들이 복음을 전했거나 역사적인 기록들이 많다. 가이사랴에 처음으로 복음을 전한 사람은 빌립이다(행 8:40). 베드로는 여기에서 고넬료를 만나 그에게 세례를 주었다(행 10장). 유대인들의 위협을 피해 다소로 피난할 때 사도 바울은 가이사랴에서 배를 탔다(행 9:30). 후에 사도 바울이 로마로 호송되기까지 이곳에서 2년 정도 있었다(행 23~26장).
　헤롯 시대의 가이사랴는 지금의 3배, 가장 번성했던 비잔틴 시대보다 8배나 컸다. 현재의 성안은 거의 폐허이지만 성문과 해자만은 잘 보존되어 있다. 이 해자(垓字)는 바닷물을 들어오게 하여 적의 습격에 대비한 것이며 해자 위로 10m 높이의 성벽이 있었으나 지금은 거의 남아 있지 않다.

-구약 말기 유대역사에서 종교적 파당은 이스라엘을 분산시키고 파쟁에 치달리게 했다.

-종교적 파당은 포로시대부터 시작, 마카비 독립전쟁 이후 극심하게 전개되었다.

A. 바리새파(The Pharisees)

-예수님의 3년의 공생애 사역 동안 가장 많은 질책과 비난을 받은 유대인의 종교적 당파가 바리새파이다.

-바리새인들은 신약 시대에 가장 큰 세력을 소유하고 영향력을 발휘했던 당파이다.

a. 의미

-이름은 'Pharash'(분리하다)라는 동사에서부터 기인됐다. 그들은 분리주의 자이다. 긍정적으로는 유대주의를 철저히 지키기 위해 노력한 자들이었다.

b. 시작

-마카비 시대(The Maccabees: B.C. 167-63) 직후에 분리주의의 한 당파로 시작을 했다.

-바리새파는 주전 135년경에 유대주의 안에 깊은 뿌리를 내린 큰 단체로 등장하였다.

c. 바리새파 운동의 특색

-에스라와 느헤미야가 중심이 되어 율법을 준수했다. 거룩한 생활을

주장하는 등의 운동을 부르짖었다. 이것은 이스라엘 백성들의 효시가 되었다.35)

-구약을 정경으로 인정하고, 성경해석학적 방법 중의 하나인 풍유적 방법을 사용하여 구약을 해석했다.

-외적인 관습을 철저하게 지켰다(마23:23; 눅18:11).

-규정대로 철저하게 금식을 지켰다(눅5:33; 18:12).

-기도 문제에서 외적인 전시 효과를 더 노렸다(눅18:9-14).

-율법을 잘 알고 있었다(행26:5; 빌3:5).

-유전과 전통을 철저히 지켰다(막7:3,5-8).

-탐욕이 많았으며(눅16:14), 잔인한 핍박자들이다(행9:1-2; 빌3:5-6).

-안식일을 철저하게 준수했다(요5:9,14; 9:13,16; 마12:1,2; 눅6-11).36)

-천사와 영들의 존재와 영혼 불멸과 부활을 믿었다(행23:6-10).

-예정론을 믿었다.

-회당을 중심하여 생활을 강조했다.

---

35) 바리새인들의 결점은 지나치게 외적인 의를 강조한 반면(눅 7:36-50), 영적인 실재를 깨닫지 못했다(요3:1-10)다. 그들은 율법을 의식적으로 지키는 데 강조를 두었고(마 15:1-9), 구약의 본뜻을 왜곡하여 적용했다(마 15:1,9). 또한 그리스도를 믿으려 하는 사람을 방해하는 잘못을 범했고(요 9:16,22), 예수 그리스도를 약속된 메시야로 영접하지 않았다(마 12:24-33).
바리새인들 중에는 자신을 의롭다 하고 다른 사람을 인정하지 않은 위선자들이 많았지만 니고데모와 같은 바리새인은 예수님을 진심으로 추종했으며(요3:1-8; 7:50-52; 19:39-40), 바리새인으로서 회개 후 가장 위대한 기독교의 복음 전도자가 된 바울의 예(例)도 있다(행 9장; 빌 3장).
36) 준수 문제에 있어서도 안식일에 병자를 치료하거나, 이삭을 잘라 길가에서 먹는 것까지 안식일을 범하는 죄로 규정했다.
바리새인들은 예수님의 제자들이 안식일에 이삭을 잘라 먹은 사실을 안식일을 범하는 네 가지 죄로 생각했다. 첫째, 밀 이삭을 자르는 것은 추수하는 죄요. 둘째, 이삭을 손으로 비빈 것은 타작하는 죄요. 셋째, 껍질을 불어 날린 것은 키질하는 죄요. 넷째, 먹기 위한 이 모든 행위는 음식을 장만하는 죄를 범하는 것으로 생각했다.

B. 사두개파 (The Sadducees)

-이들은 모든 면에 바리새파와 대조적인 것이 특색이다.

-부자들의 당을 짓는 파당은 특히 예루살렘에 거주하는 지주(支柱)의 당파였다.

-사두개인들은 그리스도 당시에 성전을 중심한 하나의 당파로 활약했다.

-바리새인들보다는 수적으로 열세였으나 그들은 정치적으로 기회를 잘 포착한 기회주의자들이었다.[37]

a. 이름

-전통에 의하면 사두개 파의 이름의 기원은 다윗 왕과 솔로몬 왕 시대에 대제사장이던 '사독'(Sadok)으로 부터라고 전해진다.

b. 중심 인물

-대제사장 '사독'과 그의 후손으로 보기도 한다(삼하8:17).

-사독의 아들들은 포로 시대에도 제사장 직분을 맡았다(왕상1:32; 대하 31:10; 겔40:46; 44:15; 48:11).

c. 사두개파 운동의 특색

-모세 오경(Torah)에만 최종 권위를 부여했다.[38]

-조상의 전통과 그에 따른 해석을 부인했다.

-영혼의 불멸을 부인, 육체의 부활을 부인했다(행 23:8).

-천사들이나 영들의 존재를 믿지 않았다.

---

37) 사두개파는 집권층의 편에 서서 그들의 정치적 이권과 영향력을 유지했다. 그들의 정치적 성향은 보수주의라고 할 수 있다. 왜냐하면, 그들은 부와 권력을 누리고 있었기 때문에 그 당시의 사회구조를 그대로 유지하기를 바랐기 때문이다.

38) 사두개파는 구약의 다른 부분의 책들은 모세 오경보다 권위가 낮은 것으로 취급했다.

-하나님의 섭리를 부인했으며, 인간의 자유의지를 믿었다.

-구원의 필요성 부인, 합리주의, 현실주의에 만족했다.

-성전중심으로 활동하며 정치적, 귀족적으로 행세했다.

-초자연적인 요소를 배격하는 입장을 취했다.

-메시야대망 사상에도 별 관심을 갖지 않았다.[39]

C. 엣세네파(The Essenes)

이스라엘 역사학자 요세푸스(Josephus)와 유대인이었던 필로(Philo)가 언급한 파당이다. 이 엣세네 파에 대하여는 성경이나 유대인들의 지혜서인 탈무드에도 나타나지 않는다는 것이 특이하다고 볼 수 있다.

-구약 성경 만 믿었다. 바리새인의 전통이나 구전(口傳)을 부인했다. 따라서 신약 성경의 진리와 교훈을 외면했다.

-청빈생활, 독신생활, 금욕생활을 강조했으며, 특히 결혼제도에 반대했다.

-이들은 수도원에서 공동체 생활을 이루며 살았으며 사유재산을 포기했다.

-율법의 뜻을 명상하는 사색파이며, 도덕적, 윤리적인 덕목을 강조했다.

-성전제사에 대한 세속화를 개탄했으며, 희생의 제물(짐승을 잡아 드리는)로 제사하는 것을 반대하며 거절했다.

---

39) 사두개인들은 바리새파에 대한 적대감을 가지고 있었고(행 23:6-9), 때로 예수님의 사역을 반대하기도 했다(마 16:1,6,12; 22:23). 그러나 바리새인들의 반대에 비하면 대단치 않은 것이었다. 사두개인들이 예수님과 충돌한 가장 두드러진 사건은 몸의 부활에 관한 예수님과의 논쟁이었다(눅 20:27-33).

D. 열심당(The Zealot)

a. 열심당의 유래[40]

-로마가 팔레스틴(이스라엘)을 정복하여 지배하는 권력에 저항한 단체로서 '열심당'이라 한다.

-주후 6년 로마 총독 구레뇨가 국세조사를 실시했을 때 이에 반대해 갈릴리에 사는 유다가 조직한 국수주의적인 집단이다(행5:37).

b. 중심 인물

-대표적인 인물로 바라바가 있다.

-외부세력의 통치권을 반대하고 배척했다. 이 파당의 저항은 예루살렘이 멸망할 때까지 계속되었다.[41]

E. 서기관(The Scribes)

a. 유래

-서기관의 기원은 제사장 겸 학사(서기관)였던 에스라의 시기부터라고

---

40) 이교 국가인 로마와 그 국가가 신봉하는 다신교에 대해 조금도 타협하지 않고 배척한 것으로 유명하다. 이들은 공격적인 정치적 당파로서 유대인들의 민족적·종교적 생활에 지대한 관심을 가졌으며, 같은 유대인들일지라도 로마 권력자들과 평화와 화해를 추구하는 사람들을 경멸했다. 6년 로마가 갈릴리의 인구조사를 명령하자, 그 명령에 순응하는 것은 이교도들이 자기 나라를 다스리는 것을 명백히 인정하는 행위라는 근거를 내세우며 민중을 규합하여 불복종운동을 벌였다.
   열심당 가운데 극단주의자들은 테러 행위와 암살에 가담했기에 시카리(그리스어로 '단검을 지닌 사람들'이라는 뜻)로 알려졌다. 그들은 단검을 품에 감추고 사람들이 많이 모이는 장소에 자주 나타나 로마에 우호적인 사람들을 죽였다. 로마에 대한 제1차 반란(66~70) 때 열심당은 주도적인 역할을 했고, 73년 마사다 요새를 넘겨주게 되자 집단 자살을 했다. 그러나 그들은 그 다음 세기 초반까지도 여전히 인정받는 세력으로 남아 있었다. 몇몇 학자들은 열심당과 사해 두루마리에 언급되어 있는 유대인 종교 공동체가 서로 관련되어 있었을 것으로 본다.
41) 한때 시몬 베드로도 열심당원이기도 했다(눅6:19-20).

볼 수 있다. 그에 의하여 시작된 파당이다(느8:9).42)

b. 임무

-서기관은 회당에서 예배드렸으며 공회의 일원들이다(마16:2 ;26:3).

-그들은 기록된 율법을 보존하거나 말씀을 사본하는 일을 마다한 것이다. 구전으로 내려오는 법을 관리하는 역할을 맡았다.

c. 서기관의 특색

-구전으로 전해 오는 법을 기록된 율법보다 더 우월하게 생각했다(막 7:5-13).

-교사직을 수행하기 위해 성전에서 가르쳤다(눅2:46).

-율법사로 알려졌다(마22:35).

-서기관은 다른 종파들과 합세하여, 예수님을 처형을 함께 주도해 나갔다(막14:43, 53; 눅2:66).

iii. 사마리아인

1. 유대 민족성 상실

A. 북 이스라엘 왕국

---

42) 예수 그리스도의 가르침과 서기관들의 가르침엔 근본적인 차이가 있었다(마7:28-29). 예수님은 바리새인들에게 하셨던 것처럼 서기관들에게 진노를 퍼부으셨다(마 23:2,13,14,15, 23,27,29). 그들은 사회 계층의 높은 위치를 좋아했고(마23:6; 막 12:38; 눅11:43; 20:46), 그들의 신분을 나타내기 위해 그 당시 상류층 사람들이 입고 다녔던 통으로 짠 옷을 걸치고 다녔다. 서기관들 중 어떤 이는 그리스도를 신뢰했지만(마8:19) 대부분은 그리스도를 배척했다(마 21:15). 그들은 베드로와 요한을 핍박하는 것과(행4:5) 스데반을 돌로 쳐 죽이는 일에 동참하였다(행6:12).

-솔로몬 이후 남북으로 분열된 '북 이스라엘 왕국'은 앗수르에 정복을 당한 후 앗수르의 통치를 받았다.

B. 앗수르의 혼혈정책-유일성 상실

-정복자 앗수르는 혼혈정책을 꾀한다. 이방인들이 북쪽 이스라엘로 대거 이주하여 살게 되었다.
-북쪽의 유대민족은 혈통적으로 혼혈이 되어 유대민족으로서 유일성을 상실하게 되었다.

2. 성전 재건 동참 거절당함

A. 70년 포로기

-이스라엘 왕국의 역사 가운데 바벨론에 포로 시기는 70년이다.
-솔로몬 이후 르호보암 시대, 남북으로 분열된 이스라엘 왕국(북 이스라엘/ 남 유대 왕국) 중 유대 왕국의 왕, 왕족, 귀족, 백성이 바벨론의 침략으로 포로로 바벨론에 끌려 가게 된다.

B. 예루살렘 성전 재건

-이스라엘 백성은 70년의 포로기가 끝나 이스라엘로 귀환 후 예루살렘 성전을 재건한다.
-북쪽 이스라엘은 남쪽 유다 왕국과 함께 민족적인 국가 건립의 동참을 요구했으나 거절당한 것이다.

3. 그리심 산에 성전 건립

-북방 이스라엘은 자신들의 성전을 따로 세워 제사를 지내게 된다. 이것은 정통 제사로 인정받지 못한 것이다. 이스라엘 민족이 인정하는 성전은 유일하게 예루살렘 뿐이었기 때문이다.

-그들은 수도 사마리아의 그리심 산에 성전을 건설하여 제사를 드린다.[43]

4. 모세오경 만 신봉(信奉)함

-북방 이스라엘의 사마리아인들은 모세오경의 권위만 인정하고 믿었다.

-또 북쪽에 세운 그리심 산의 성전에서 제사 드리는 것만 믿었다.

5. 메시아에 대한 열망

-사마리아인들의 내세관은 사두개파와 달랐다. 그러나 북방 사마리아 사람들은 메시야를 열망하고 있었다. 그리고 그들의 다른 종교적인 생활은 비슷했다.

iv. 메시아 대망

---

[43] 그 성전도 나중 히카누스 John Hyrcanus에 의해 파괴되고 만다(107B.C.). 그후 다시 재건(A.D.135)되었으나, 또 다시 파괴(A.D.484)되었다.

1. 포로시대 이후

이 시기의 이스라엘 백성들의 꿈은 자유 해방과 조국 귀환이었다.

A. 민족해방 고대

-박해 시련을 통해 이스라엘 빈족이 이방인과의 구별된 민족으로 알고, 민족해방을 고대했다.

B. 묵시서 기록

-메시야를 간절히 대망한 끝에 묵시서(외경, Apocalyptic Literature)가 기록되게 했다. 묵시서의 주제는 대개 메시야 대망이다.

2. 메시야의 도래

-유대 백성들은 성전의 재건과 흩어진 유대인의 귀환을 서둘렀다.
-이스라엘의 민족적인 메시야의 대망이 짙어지면서 모든 때가 차기만을 기다려 왔다.
-약속된 메시아는 언제쯤이나 오실 것인가? 하지만 메시아의 도래는 마지막 선지자 말라기 후에도 예언과 선지자의 침묵 기간이라고 칭한 400년이 지나야 했다. 400년은 40년의 10배다. 40은 인내와 기다림, 연단의 기간이고 10은 완성이다.
-드디어 메시야이신 예수 그리스도는 이 땅에 도래(到來)하셨다.

마침내 당대 주류 세력인 종교 지도자가 메시아에 대한 관심조차 사라졌을 때, 실로 오랜 침묵을 깨고 때가 차자 그 때에 메시아가 도래하신 것이다.

  -동방 박사, 시므온과 안나 몇 명만이 주님의 오심을 기다렸는데 그들이 메시아가 온다는 징조였다. 그리고 그들을 중심으로 메시아 도래가 이뤄졌다는 확실한 성경의 성취적, 인류의 역사적 증거를 확실하게 남기고 또한 우리 후대(後代)에게도 증거해 주고 있다.

초대교회의 시작-1

The Beginning of Early the Church-1

Chapter-5

초대교회의 시작-1

The Beginning of Early the Church-1

ⅰ. 예수 그리스도의 사역

초대 교회의 시작은 세계 교회의 가장 근본적인 기초이다. 초대 교회로서
예수의 사역을 언급하지 않고는 초대 교회를 논할 수 없다. 예수 그리스
도의 공생애의 사역과 십자가 구속의 사역은 초대교회 만의 연구의 대상
이 아니다.

그의 사역은 지상의 교회와 하나님의 공동체가 이 땅 위에서 그의 백성
으로서 다양하고 심오하게 연구해야 한다. 그 생애에서 역사적 진리와 성
경적 교훈, 그리고 신학적 정신을 배워야 한다.

1. 기독교의 기원-예수 그리스도의 탄생

Table-3   기독교의 기원

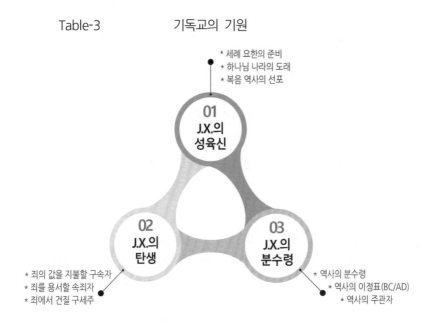

A. 예수의 성육신

a. 세례 요한의 준비

　-세례 요한의 출현으로 예수께서 성육신하여 이 땅에 오셔서 그의 공생애 3년의 역사가 시작될 것을 준비했다.

b. 하나님 나라의 도래

　-그는 예수께서 이 땅에 도래하실 것을 알리면서 '회개하라 천국이 가까웠다'고 선포한 것이다.[44)]

c. 복음 역사 선포

-물론, 예수 그리스도께서도 공생애 사역의 첫 마디가 '회개하라 천국이 가까웠다'고 선포한 것이다.45)

B. 예수 그리스도의 탄생

-헤롯 왕이 죽기 전, 참 유대인의 왕으로서 예수 그리스도가 탄생하셨다. 그러나 그의 탄생은 당시 주변의 소수에게만 알려졌다.

a. Redeemer-예수님께서 멸망을 앞두고 마치 눈이 멀어있는 세상을 구원하실 구속자(Redeemer)로서 스스로 나타나심의 '도성인신'(道成人身, the Word become flesh)하셨다.

b. Forgiver-예수님께서 인류의 죄를 용서하시고, 그 죄를 십자가를 통해 스스로 짊어지기 위하여 속죄자(Forgiver)로서 이 땅에 오심이다.

c. Savior-예수님께서 본래부터 죄인(a sinner)이었던 사람들을 죄에서 구출하기 위해 구세주(Savior)로서 이 땅에 임하심이다.

C. 역사의 분수령

a. 역사의 분수령

-100년 지나도 로마 사가(史家)들은 의도적으로 예수 그리스도의 탄생을 역사적 사건으로 다루지 않았다.

---

44) (마태복음3:1-3), 그 때에 세례 요한이 이르러 유대 광야에서 전파하여 가로되 회개하라 천국이 가까왔느니라 하였으니 저는 선지자 이사야로 말씀하신 자라 일렀으되 광야에 외치는 자의 소리가 있어 가로되 너희는 주의 길을 예비하라 그의 첩경을 평탄케 하라 하였느니라.
45) (마태복음4:17), 이때부터 예수께서 비로소 전파하여 가라사대 회개하라 천국이 가까왔느니라 하시더라.

-예수 그리스도는 그의 탄생을 역사의 분수령으로 세웠다.

b. 역사의 이정표

-세계 역사가들은 B.C.(Before Christ)와 A.D.(Anno Domini, 라틴어)를 분리하여 세계 역사를 예수 그리스도의 탄생을 기점(起點)으로 이정표를 세웠다.

-그 시점으로 하여 '역사 이전'(B.C)과 '역사 이후'(A.D)의 분수령을 제정하는 구분을 했다.[46]

---

[46] B.C.= befor christ는 약어(기원전)/ A.D.= Anno Domini/ in the Year of our Lord(서기) 예수 탄생 이전을 구약시대(구약성경)/예수 탄생 이후는 신약시대(신약성경)이라 한다. 하나님의 역사는 구약성경에서 신약성경으로 진행되고 있다. 구약성경은 예수 그리스도께서 세상에 오셔서 죄인을 위해 십자가에 달려 죽으실 것을 예언했고. 구약성경에서 예언한 것이 신약 성경에서 성취되었다. 그리고 구원이 완성되었다. 지금부터는 앞으로 예수 그리스도께서 세상에 다시 오실 재림을 향해 진행하고 있다. 예수 그리스도께서 세상에 재림하시는 날은. 인간 나라를 위한 하나님의 모든 계획은 끝난다. "보라 내가 속히 오리니 내가 줄 상이 내게 있어 각 사람에게 그의 일한대로 갚아 주리라 나는 알파와 오메가요 처음과 나중이요 시작과 끝이라"(요한계시록 22:12-13).
"이것들을 증거하신이가 가라사대 내가 진실로 속히 오리라 하시거늘 아멘 주 예수여 오시옵소서"(요한계시록 22:20).
Anno Domini from Wikipedia, the free encyclopedia(Redirected from Before Christ).
Jump to: navigation, search This article is about the designation of years. For other uses, see Anno Domini (disambiguation). "AD" redirects here. For other uses, see AD (disambiguation).
Dionysius Exiguus invented Anno Domini years to date Easter.Anno Domini (AD or A.D.) and Before Christ (BC or B.C.) are designations used to label or number years used with the Julian and Gregorian calendars. This calendar era is based on the traditionally reckoned year of the conception or birth of Jesus of Nazareth, with AD counting years after the start of this epoch, and BC denoting years before the start of the epoch. There is no year zero in this scheme, so the year AD 1 immediately follows the year 1 BC. This dating system was devised in 525, but was not widely used until after 800.
Alternative names for this era include vulgaris aerae (found 1615 in Latin), "Vulgar Era" (in English, as early as 1635), "Christian Era" (in English, in 1652), "Common Era" (in English, 1708), and "Current Era". Since 1856, the alternative abbreviations CE and BCE are sometimes used in place of AD and BC.

c. 역사의 주관자

　-예수님에 대한 의미로서 영어 단어 중 'History'라는 말은 'His'(그의), 'Story'(이야기)의 준말이다.

　-즉 그분-예수 그리스도의 이야기라는 뜻이고 예수님의 탄생을 정점(頂點)의 기준으로 세계의 모든 역사를 논한다는 것이다.

2. 지혜와 지식 충만

A. 변두리에서 성장

a. 소외된 삶의 터전

　-예수 그리스도는 베들레헴에서 탄생하여, 나사렛에서 성장했다.

　-이스라엘의 사회적인 상황으로 보면 나사렛은 그야말로 낙후되고 소외된 자들의 변두리 삶의 터전이며 별 볼 일 없는 지역이었다.

b. 외면당한 성장

　-세상을 건질 구세주가 마구간에서 탄생했지만, 주님이 성장하신 곳도 변두리 지역이었다.

　-철저하게 세상 주류세력에게 외면당하고 무시당한 예수 그리스도의 성장의 모습을 보고 있다.

B. 진리의 변론

a. 공생애 전 사역

　-예수님께서 12살 되던 때. 유월절을 당하여 그 절기를 지키러 예루

살렘으로 올라왔다.

　-우연한 기회를 당하여 성전에서 종교지도자와 성경을 변론하셨다(눅 2:41-47).

　b. 구속 역사의 부각

　-종교 지도자들과의 성경을 변론했던 사건은 도무지 예상하지도 못할 사건이었다. 아니, 있을 수도 없는 일이었다. 수 천년 동안 이스라엘 전통사회 속에 이런 사건은 단 한 건도 없었다.

　-그러나 소년 예수가 누구신가? 그는 이 세상을 구속하러 오신 장본인이시다. 이제 그가 비록 아직 공생애 사역 이전 30년의 시간을 보내는 동안 소년이라 할지라도 세상의 수면 위로 서서히 부상하고 있었다.

3. 천국 복음 증거

A. 공생애 사역

　a. 구속의 예정 성취를 위하여

　-30살까지 보통 사람으로 삶을 이어가던 청년 예수는 이제 아버지 하나님의 구속의 큰 예정을 성취하기 위한 본격적인 생애 속으로 돌입하게 되었다.

　-이전까지 나사렛에서 존재하며 사생활을 살았던 삶과는 달리, 이스라엘과 온 세상을 위한 구속을 성취하기 위한 시간과 채우기 위하여 공생애의 삶에 올-인하는 삶을 살아가셨다.

　b. 세상을 살릴 역사의 주역

-물론, 그의 주된 사역의 초점은 천국의 복음을 전파하는 것이다. 그는 복음을 설득(설득전도, persuasion evangelism)하러 오신 것보다 선포(선포전도, proclamation evangelism)하러 오셨다.

-이것은 세상을 해하거나 망하게 하시 위한 조처가 아니라 오히려 그런 상태에서 새롭게 살릴 역사를(구속역사, working of redemption)진행해 가기 시작한 것이다.

B. 첫 일성(一聲)

a. 예수님의 설교내용

"하나님 나라가 가까웠으니 회개하고 복음을 믿으라"(막1:15).

-이스라엘 백성들의 주요 관심은 이 세상의 가시적(可視的)인 지도자, 메시야(Messiah)가 도래하는 것이었다.

b. 하나님 나라 선포
-예수님께서 공생애 첫 일성의 사역은 하나님 나라 선포였다.

-지상 나라(세상나라)의 진정한 메시야는 하나님 나라의 왕이신 주인 되신 예수 그리스도이시다.

-그는 삼위 하나님이시고 그중 성자(The Son of God)이신 분이라서 성부 하나님(The father of God)과 동일한 주권과 능력을 가지고 임하셨다.

-지상 나라에 존재하는 그 어떤 영웅이나 호걸, 그리고 왕도 이미 상실된 영혼을 건질 수 있는 그 어떤 권세, 힘, 자비, 그리고 사랑을 가지고 있지 못하는 한계점을 인정해야 한다.

4. 12명의 제자화

A. 부르심 calling

a. 12제자를 부르심

-예수님이 그의 제자를 처음으로 사도 요한과 안드레를 부르기 시작하여 12명의 제자를 부르셨다.

-예수님의 뒤를 이어 12제자는 구속사의 주역이 되도록 예수님 자신의 말씀과 진리대로 가르치셨다.[47]

b. 일반적인 부르심

-예수 그리스도 안에서 주어진 구원을 받도록 죄인을 부르시는 하나님의 거룩한 구속 행위를 말한다.

-이때의 예수님의 제자들의 부르심은 오늘 그리스도인의 부르심으로 대신하고 있다.

-소명은 삼위일체 하나님께서 계획하시고 집행하시며 역사하시는 행위이시다.

-현재 진행되는 이 땅 위의 구속의 역사를 우리 교회에게 맡기시려고 우리를 부르고(calling) 계신다.[48]

---

[47] (마가복음 3:13-19) "이 열 둘을 세우셨으니 시몬에게는 **베드로**란 이름을 더하셨고 또 세베대의 아들 **야고보**와 야고보의 형제 **요한**이니 이 둘에게는 보아너게 곧 우뢰의 아들이란 이름을 더하셨으며 또 **안드레**와 **빌립**과 **바돌로매**와 **마태**와 **도마**와 알패오의 아들 **야고보**와 및 **다대오**와 가나안인 **시몬**이며 또 **가룟 유다**니 이는 예수를 판자러라".

[48] (디모데후서 1:9) 하나님이 우리를 구원하사 거룩하신 부르심으로 부르심은 우리의 행위대로 하심이 아니요 오직 자기 뜻과 영원한 때 전부터 그리스도 예수 안에서 우리에게 주신 은혜대로 하심이라.
(디모데전서 6:12) 믿음의 선한 싸움을 싸우라 영생을 취하라 이를 위하여 네가 부르

Table-4	12제자 리스트
① 시몬 베드로	
② 세베대의 아들 야고보	
③ 야고보의 형제 요한	
④ 안드레	
⑤ 빌립	
⑥ 바돌로매	
⑦ 마태	
⑧ 도마	
⑨ 알패오의 아들 야고보	
⑩ 다대오	
⑪ 가나안인 시몬	
⑫ 가룟 유다(예수를 팔고 극단적 선택을 한 자)	

B. 훈련과 준비

-그러나 한순간(단시간)으로 이 땅을 고치고 구원사역에 동참함녀서 주도해갈 인물들이 태어나지 못한다. "제자는 태어나는 것이 아니라 만들어지는 것"(Disciples are never born. Only made)이다.

-예수님은 한순간에 지상의 생명들 살리고 고치셨다(Jesus saved and healed life on earth in an instant).

-우리는 예수님의 교훈과 정신을 전수받는 훈련과 준비의 과정을 반드시 필수해야 한다(Training to receive his lessons and spirit).

심을 입었고 많은 증인 앞에서 선한 증거를 증거하였도다.

5. 십자가의 구속

A. 구속의 속죄 제물

a. 십자가 형(刑)의 운명

-예수 그리스도께서는 인성을 입으신 육신의 생애를 진행하시던 중 33살 되던 해에 유월절 절기를 지내던 시기에 십자가에서 처형당하셨다.

-구약의 속죄 제물과 같이, 예수님은 세상의 온 인류의 죄를 속하기 위해 만인의 속죄 제물로서 스스로 죽음으로 나아가셨다.

b. 성부의 예정, 성자의 순종

"나와 아버지는 하나이니라!"(요10:30).

-성부 하나님께서 세상의 구속을 계획하셨다. 그러나 정작 중요한 것은 성자 예수 그리스도께서 십자가의 쓰리고 엄청난 고통의 죽음에 대해 순종하실 의지가 필요했다.

-예수는 하나님이셨다 그럼에도 자신을 철저하게 비하(卑下) 시키고 죽기까지 복종하신 순종의 모범을 보여 주셨다.[49]

-예수님께서 상함으로, 그가 죽음으로 우리는 나았고 새 생명 얻은 것이다.

"그가 찔림은 우리의 허물을 인함이요 그가 상함은 우리의 죄악을 인함이라 그가 징계를 받음으로 우리가 평화를 누리고 그가 채찍에 맞음으로 우리가 나음을 입었 도다(이사야53:5).

---

[49] (빌립보서 2:8) 사람의 모양으로 나타나셨으매 자기를 낮추시고 죽기까지 복종하셨으 니 곧 십자가에 죽으심이라.

B. 구속의 성취-'다 이루었다!'[50)

a. 처절한 죽음
-하늘의 천군천사의 12 영도 더 되는 영물(영적 존재)을 부리실 권세가 있으신 예수님은 온 인류의 저주를 한 몸에 뒤집어쓰고 처절하게 인간의 쓰라린 고통과 감내할 수 없는 비정함을 당하며 그대로 죽으셨다.

b. 값지고 위대한 성취
-구세주 예수님은 온갖 고통하는 절규와 울음 끝에 선언을 한다. '다 이루었다!' 얼마나 값지고 위대한 성취인가?
-이로 인해 당신이 새로운 생명으로 살았다는 사실을 얼마나 감지하고 있는가?

6. 부활과 승천

A. 심판과 음부

a. 역사적 심판
-당대의 최고의 사형은 멀쩡하게 살아있는 사람을 십자가에 못 박는 형이다. 그 죽음의 형벌은 수천 년이 지나도 씻길 수 없는 역사적인 심판이었다.

b. 음부에 내려감

---

50) (요한복음 19:30) 예수께서 신 포도주를 받으신 후 가라사대 다 이루었다 하시고 머리를 숙이시고 영혼이 돌아가시니라.

-심판과 함께 예수는 고난을 있는 그대로 당하시고 숨을 거뒀다.

-그의 육체는 죽음 채로 음부에 내려갔다. 죽은 지 3일 동안 철저하게 사탄의 세력에게 유린(蹂躪) 당하셨다.

B. 부활의 첫 열매

a. 사망 권세를 결박

-그렇게 구속의 사역은 음부에서 종지부를 찍고 마는 것인가? 사형수였던 예수, 꼭 3일 동안 죽음의 권세에 결박을 당하신 것이다.

-예수님은 음부(지옥)에서 자신을 얽어매고 있는 사망의 권세에 대하여 단호하고 준엄하게 꾸짖고 그 결박을 스스로 풀어버리신다.

> "사망아, 너의 이기는 것이 어디 있는가?
> 사망아, 너의 쏘는 것이 어디 있는가?"(고전15:56).

b. 영광스러운 부활51)

> "그가 여기 계시지 않고 그의 말씀하시던대로 살아나셨느니라 와서 그의 누우셨던 곳을 보라"(마28:6).

-사망 권세 깨뜨리고 부활하신 예수, 그를 더이상 죄의 세력이 얽어맬 수 없었다. 세상의 역사에 죽은 자가 무덤에서 다시 살아났다는 실제적인 증거를 가졌던 경우는 그 어디에도 단 한 번도 없었다.

---

51) (마태복음 5-6) 천사가 여자들에게 일러 가로되 너희는 무서워 말라 십자가에 못 박히신 예수를 너희가 찾는 줄을 내가 아노라 그가 여기 계시지 않고 그의 말씀하시던대로 살아나셨느니라 와서 그의 누우셨던 곳을 보라.

-분명하게 예수 그리스도는 죽음 권세 가운데서 영광스러운 부활로 승리하셨다. 그리고 그는 부활을 끝으로 40일 동안 지상에 머무르며 수십 회 정도 부활을 증거하며 마무리 사역을 하신 끝에[52] 감람산에서 하늘로 승귀하셨다.[53]

-이렇게 초대교회의 시작은 예수님의 마지막 사역으로 인하여 불붙기 시작했다.

"저희 보는데서 올리워 가시니 구름이 저를 가리워 보이지 않게 하더라"(행1:9).
"제자들이 감람원이라 하는 산으로부터 예루살렘에 돌아오니 이 산은 예루살렘에서 가까와 안식일에 가기 알맞은 길이라"(행1:11).

---

52) (사도행전 1:3) 해 받으신 후에 또한 저희에게 확실한 많은 증거로 친히 사심을 나타내사 사십 일 동안 저희에게 보이시며 하나님 나라의 일을 말씀하시니라.
53) (사도행전 1:9-11) 이 말씀을 마치고 저희 보는데서 올리워 가시니 구름이 저를 가리워 보이지 않게 하더라 올라가실 때에 제자들이 자세히 하늘을 쳐다 보고 있는데 흰옷 입은 두 사람이 저희 곁에 서서 가로되 갈릴리 사람들아 어찌하여 서서 하늘을 쳐다 보느냐 너희 가운데서 하늘로 올리우신 이 예수는 하늘로 가심을 본 그대로 오시리라 하였느니라.

초대교회의 시작-2

Chapter-**6**

초대교회의 시작-2

The Beginning of Early the Church-2

ii. 오순절 사건

오순절 사건에서 지상 교회의 시작인 초대교회가 어떻게 세워 졌는가? 하는 것을 말한다. 그리스도의 대속적인 죽음과 부활을 목격한 사도들과 그를 따르던 사람들에 의해 복음전파로 초대교회가 세워졌다.

1. 오순절 의미(Terminology of the Pentecost)

-'오순절'은 'πεντηκοςτή'(오십 번째 '날')의 뜻을 지닌다.

-구약 및 유대인의 칠칠절(레23:15-21)의 기록으로부터 유래한다.

-성경은 오순절에 대하여 언급하면서 주로 날자의 기간을 말할 때 사용되었다(행20:16 ; 고전16:8).

2. 교회의 사명을 위한 기도

"… 예수의 부활하심을 증거할 사람이 되게 하여야 하리라 하거늘"(행1:22).

A. 마가 요한의 다락방에 성령강림

-그리스도의 고난, 부활, 승천을 목격한 사람들 500여 명 중[54] 120명이 마가 요한의 다락방에 모인 지 10일 만에 오순절이 되므로 성령님께서 강림하셨다.[55]

B. 큰 무리-유대인 이방인

-사도행전 2:1에서 오순절은 교회에 강림한 성령과 관련한 사건을 소

---

[54] (고린도전서 15:3-8) 내가 받은 것을 먼저 너희에게 전하였노니 이는 성경대로 그리스도께서 우리 죄를 위하여 죽으시고 장사 지낸바 되었다가 성경대로 사흘만에 다시 살아나사 게바에게 보이시고 후에 열 두 제자에게와 그 후에 오백여 형제에게 일시에 보이셨나니 그 중에 지금까지 태반이나 살아 있고 어떤이는 잠들었으며 그 후에 야고보에게 보이셨으며 그 후에 모든 사도에게와 맨 나중에 만삭되지 못하여 난 자 같은 내게도 보이셨느니라.

[55] (사도행전 1:12-15) 제자들이 감람원이라 하는 산으로부터 예루살렘에 돌아오니 이 산은 예루살렘에서 가까와 안식일에 가기 알맞은 길이라 들어가 저희 유하는 다락에 올라가니 베드로, 요한, 야고보, 안드레와 빌립, 도마와 바돌로매, 마태와 및 알패오의 아들 야고보, 셀롯인 시몬, 야고보의 아들 유다가 다 거기 있어 여자들과 예수의 모친 마리아와 예수의 아우들로 더불어 마음을 같이하여 전혀 기도에 힘쓰니라 모인 무리의 수가 한 일백 이십 명이나 되더라….

개하고 증거하고 있다.

-특히 당시 세계 각국에서 흩어진 유대인과 이방인들이 예루살렘에 모여든 큰 무리를 설명하는 기록으로 오순절은 나타난다.

3. 오순절 성령강림의 기점

A. 초대교회 설립의 결정적 계기[56]

-오순절을 기점으로 성령강림 이전에는 사도들은 있으나 마나한 존재 같이 그들은 미미한 존재들이었다.

-성령강림 후에는 그들은 성령 충만한 능력은 무엇이든지 가능한 것으로 역사되었다.

"내게 능력 주시는 자 안에서 내가 모든 것을 할 수 있느니라"(빌4:13).

B. 사도들의 복음전파의 시초

-큰 능력으로 나타난 성령 강림은 사도들이 복음을 전파하는데 시초의 사건이다. 결국 이런 계기를 통해 그들의 사명을 실천하면서 강화되어 간 것이다.[57]

-무엇이든지 극복하면서 엄청난 초대교회를 설립하는 역사를 새롭게 써갔다.

---

56) Harnack. Adolf. The Mission and Expansion of Christianity in the First Three Centuries, Books for Libraries Press. 1902, p.72.
57) (사도행전 2:2-4) 홀연히 하늘로부터 급하고 강한 바람 같은 소리가 있어 저희 앉은 온 집에 가득하며 불의 혀 같이 갈라지는 것이 저희에게 보여 각 사람 위에 임하여 있더니 저희가 다 성령의 충만함을 받고 성령이 말하게 하심을 따라 다른 방언으로 말하기를 시작하니라.

Table-5

"저희가 다 성령의 충만함을 받고 성령이 말하게 하심을 따라"(행2:4).

4. 오순절 성령강림의 구속사적 의의

A. 새 역사의 창조적 사건

－오순절의 구속사적 의의는 그 어느 사건들보다도 예수 그리스도의 성육신(Incarnation)을 제외한 새 역사의 창조적 사건에서 그 깊은 뜻을 찾을 수 있다.

－오순절 역사는 구약의 창조역사 이래 두 번째 창조적 의의를 지닌다고 생각한다. 오순절 성령강림 역사후 초대교회가 발생되었기 때문이다.

B. 새로운 가치관 정의

-오순절의 참된 뜻은 새 역사의 창조로 보는 견해는 결코 무리하지 않다.

-신약 시대에서 발생했던 오순절 역사 외에 새로운 가치관의 정의를 내린 일은 아무 것도 없다고 하기 때문이다.

a. 성전 중심에서 말씀 중심으로

구약 이스라엘의 '성전 중심'(Central tabernacle)의 제사에서 신약의 '말씀 중심'(Central the word)의 예배로 전환되었다.

b. 혈통적에서 신앙적으로

육적 이스라엘의 '혈통적'(familial) 선민의식에서 영적 이스라엘의 '신앙적'(belief) 선민의 축복으로 대치되는 것이다.

c. 율법에서 복음으로

'구약 율법의 계약'(Old Testament)에서 '신약 복음의 계약'(New Testament)으로 완전히 전환한 것이다.

iii. 예루살렘 교회

이스라엘의 수도 예루살렘에서 시작된 '초대교회의 시작'은 세계 교회 발원지(the fountainhead)이다. 초대교회로부터 시작된 역동적인 그 정신과 사상으로 이어져 가는 지상의 교회(Visual Church)는 세계 곳곳에 교회가 세워지지 않는 곳이 없을 정도로 빽빽하게 들어차 있다.

1. 복음의 증인

A. 복음의 장벽과 불신의 장애 극복

오순절 성령님의 임재로 복음의 증인되어 땅끝까지 복음의 장벽과 불신의 장애를 극복해 나갔다.[58]

B. 복음 선교의 진로를 열었던 사람들

-초대 교회의 예루살렘교회는 사도행전의 복음의 증인들을 수도 없이 쏟아 냈다.

-그들은 사도행전의 다음 역사를 줄기차게 이어갔다. 다음은 '복음 선교의 진로'(The Way of Evangelism) 제목으로 작성된 어느 컬럼 일부를 소개한다.[59]

> "바울을 통해 로마 제국에 복음이 스며들었고, 짐 엘리엇과 그의 동료 선교사 4명을 아우카 족-남미 부족에게 복음의 길이 열려 복음화가 이루어졌으며, 리빙스턴을 통해 아프리카에 복음이 스며들었다. 허드슨 테일러는 중국 내륙에 복음을 들고 오지를 개간했다. 성 다미엔은 모로카이 섬의 무지한 문둥이들에게 복음을 들려줬으며, 도마는 복음을 들고 머나먼 인도의 거대한 땅을 찾아가 뿌렸다. 16세기 마틴 루터는 중세의 썩고 문드러진 교황권의 압력에 도전하여, 침몰해 가는 기독교를 '종교개혁'으로 새롭

---

58) (사도행전 4:42) 저희가 날마다 성전에 있든지 집에 있든지 예수는 그리스도라 가르치기와 전도하기를 쉬지 아니하니라.
59) 배수영 저, 21세기 리더십에세이, 서울:베드로서원, 2003, pp.194-195.

게 했다. 그리고 존 칼빈은 '오직 하나님 앞에서!' '성경으로 돌아가자!'며, 종교개혁을 완성시켰다. 웨슬리는 성령 충만의 능력으로 타락되어가는 18세기 영국, 신사의 나라를 영적으로 건졌으며, 존 낙스는 자기의 조국, 스코틀랜드를 영적인 나라로 우뚝 서게 했다.

2. 복음의 선포

베드로는 성력의 능력에 붙잡혀 설교할 때, 하루 3,000명이 예수 그리스도를 구세주로 영접하는 회개의 역사가 초대 교회에 발생하게 되었다. 당시 예루살렘 인구는 25,000명 추산된다고 했다.[60]

3. 초대 교회 조직-7집사 선정

A. 초대 교회 모인 수

-이 때는 교회의 골격이 세워지기도 전이었다. 형태도 빈약하기 그지없는 초대 교회는 갑자기 그 수가 5,000명으로 성장하게 되었다.[61]

-언젠가 모인 수대로 찬양과 경배를 드리는 예배 참석인원을 자연스럽게 헤아려 보니 십 수명이 아니라 무려 오천 명이 넘어섰다.

-이 원인은 인간의 전략이나 셈에서 이뤄진 것이 아니라 말씀을 증거하는 베드로 및 사도들의 강력한 선포로 나타난 결과이기도 하다.

---

[60] George P. Fisher, History of the Christian Church, New York:Charles Scribner's Sons, 1887, p.182.

[61] (사도행전 4:4) 말씀을 들은 사람 중에 믿는 자가 많으니 남자의 수가 약 오천이나 되었더라.

B. 7집사 세움

-이들은 부랴부랴 서둘러 예루살렘 교회의 조직을 정비하여 효과적인 공동체를 운영해 나가게 되었다.[62)

-7집사의 세움은 구제와 선교의 사역을 구체적으로 이들에게 전문적으로 맡겨서 하나님 나라의 확장을 꾀하여 나간 것이다.

"믿음과 성령이 충만한 사람 ①스데반과 또 ②빌립과 ③브로고로와 ④니가노르와 ⑤디몬과 ⑥바메나와 유대교에 입교한 안디옥사람 ⑦니골라를 택하여"(행6:5).

4. 교회의 박해 시작

A. 산헤드린 공회가 복음의 전도활동을 금지했다.

B. 헤롯 왕이 초대 교회를 정치적으로 압박하기 시작했다.

C. 사도 베드로가 옥에 갇혔다,

D. 스데반이 돌무더기 묻히며 살아있는 채로 순교 당했다.

---

62) (사도행전 6:1-6) 그 때에 제자가 더 많아졌는데 헬라파 유대인들이 자기의 과부들이 그 매일 구제에 빠지므로 히브리파 사람을 원망한대 열 두 사도가 모든 제자를 불러 이르되 우리가 하나님의 말씀을 제쳐 놓고 공궤를 일삼는 것이 마땅치 아니하니 형제들아 너희 가운데서 성령과 지혜가 충만하여 칭찬 듣는 사람 일곱을 택하라 우리가 이 일을 저희에게 맡기고 우리는 기도하는 것과 말씀 전하는 것을 전무하리라 하니 온 무리가 이 말을 기뻐하여 믿음과 성령이 충만한 사람 스데반과 또 빌립과 브로고로와 니가노르와 디몬과 바메나와 유대교에 입교한 안디옥 사람 니골라를 택하여 사도들 앞에 세우니 사도들이 기도하고 그들에게 안수하니라.

5. 예루살렘 총회 결정

예루살렘 교회의 지도자로 베드로, 요한, 야고보 3인을 세웠다. 이것은
공동 사역으로 초대 교회가 진행되고 있었음을 말한다.

6. 초대 교회 순교

A. 스데반 순교

"저희가 큰 소리를 지르며 귀를 막고 일심으로 그에게 달려들어 성 밖에 내치고…
저희가 돌로 스데반을 치니…"(행7:57).

초대 교회에서부터 순교하는 사건이 발생했다. 초대 교회가 자랑스럽게
세웠던 일곱 집사 중 스데반 집사가 최초로 순교하게 되었다.[63]

B. 교회 확장

─복음전도의 명령(The Evangelical Mandate)

"오직 성령이 너희에게 임하시면 너희가 권능을 받고 예루살렘과 온 유대와 사마리
아와 땅 끝까지 이르러 내 증인이 되리라 하시니라"(행1:8).

---

[63] (사도행전 7:57-60) 저희가 큰 소리를 지르며 귀를 막고 일심으로 그에게 달려들어
성밖에 내치고 돌로 칠째 증인들이 옷을 벗어 사울이라 하는 청년의 발 앞에 두니라
저희가 돌로 스데반을 치니 스데반이 부르짖어 가로되 주 예수여 내 영혼을 받으시옵
소서 하고 무릎을 꿇고 크게 불러 가로되 주여 이 죄를 저들에게 돌리지 마옵소서
이 말을 하고 자니라.

이미 예수님께서 마가 요한의 다락방에 모여 기도하던 120명의 초대교회 공동체에게 복음전도명령을 하달하신 것이다. 그들이 전혀 기도에 힘쓰므로 불의 혀같이 성령님께서 임하신 것이다.

　-복음의 능력을 힘입음

성령님께서 임하신 계기로 예루살렘 교회의 공동체는 한편으로 핍박을 받으면서 한편에는 그 능력으로 무장하게 되었다. 그리고 밖으로 복음을 증거하라는 주님의 지상명령을 따르며 복음을 외부로 확산하는 계기로 삼았다.

　　"사울이 그의 죽임 당함을 마땅히 여기더라 그 날에 예루살렘에 있는 교회에 큰 핍박이 나서 사도 외에는 다 유대와 사마리아 모든 땅으로 흩어지니라"(행8:1).

7. 이방 전도 시작

A. 베드로의 이방전도 시작(행8:28-29)

　-베드로에게 이방 전도를 환상으로 지시했다.
유대인으로서 이방인의 집에 가서 속된 것을 잡아먹으라는 것이다. "땅에 있는 각색 네발 가진 짐승과 기는 것과 공중에 나는 것들"이었다. 당연히 베드로는 속된 것들을 먹을 수 없다고 세 번이나 거부했다. 이것은 베드로에게 하나님께서는 어느 민족과 사람은 다 깨끗할 것이니 차별 없이 수용하라는 교훈이다. 즉 이스라엘 민족(유대인)으로만 머물지 말고 나아가 세계적인 선교를 시작하라는 것인 줄 깨닫고 서슴지 않고 이방인 고넬료의 집을 찾아 전도하게 된 것이다.

　-이방인 고넬료에게 천사를 통해 지시를 받았다(30-33).
비록 이방인이지만 그들이 기도한 것이 하나님께 상달되고 빈민을 구제한 것이 하나님께서 기억 하셨다고 하면서 사람을 욥바에 보내어 베드로라 하는 시몬을 청하여 고넬료 자신의 온 집이 구원 얻을 말씀을 네게 이르리라 함을 보았다(행11:13-14).
고넬료는 사람을 해변 욥바에 시몬이라는 사람의 집으로 보내어 베드로를 청하여 복음을 전도를 받게 된 것이다. 이방 땅에 전도가 시작된 것은 하나님의 강권적인 역사로 시작되었다.

　-12사도 중 베드로는 이방인의 복음 선포 능력을 부여 받았다.
이처럼 사도 베드로가 절대로 이방인과 유대인이 차별 없이 하나님을 경외하는 사람이라면 구원얻는 것인 줄 깨닫고 이방인들에게 복음을 전할 힘을 얻게 되었다(34-35).

B. 빌립의 이방 전도의 시작(행8:4~40)

이방 선교가 평신도인 빌립 집사에 의하여 시작된 것이다. 사도들과 더불어 빌립 집사는 사마리아, 가자(Gaza) 지방을 전도했다. 평신도를 평신도로만 방치해서는 안 되겠다는 것을 깨우쳐 준다.

　-사마리아인 성령의 세례
사마리아에서의 복음전파는 사도가 아닌 빌립 집사에 의하여 시작되었다. 사마리아에서 세례를 받았다는 소문을 듣고 예루살렘에 머물렀던 사도들이 사마리아에서 된 일을 위하여 베드로와 요한을 사마리아에 파송했다 (행8:14~24). 사마리아의 개종자들은 예수의 이름을 믿고 물세례를 받았으나 성령은 받지 못했다. 베드로와 요한이 와서 안수 했을 때에 성령이 임했다고 했다.

－사마리아의 선교 공인

여기에서 중요한 것은 사도들의 눈이 열렸는데 그 결과로 이방인들과의 결혼으로 인해 개처럼 취급을 받아 왔던 사마리아인들에게 복음 전하는 것을 승인할 뿐만 아니라 "사마리아의 여러 촌에서 복음을 전했다"는 점이다. 비로소 이방인들의 선교가 공인되었다.

아프리카인에게 한 번 무너지기 시작한 뚝은 아무도 막을 수 없듯이 사마리아로 흘러간 복음의 물결은 이제 아프리카의 에디오피아의 내시에게 전달 되었다. 그는 처음엔 그의 지위, 권력, 소유에도 불구하고 불만족한 사람이었으나(27), 부지런히 그리고 겸손하게 탐구한 결과(28~35), 마침내 변화된 사람(36,38,39)이 되어 믿어 회개하고 즐거움을 갖게 되었다.

iv. 안디옥 교회 설립

1. 이방지역 처음 교회 설립됨[64)]

초대교회 시대, 성경에서 선교적으로 중요하게 언급된 안디옥으로는 비시

---

64) 안디옥이라는 대도시에 참된 복음의 씨앗이 뿌려졌을 때 그것은 곧 급성장으로 이어졌다. 그 결과 세워진 안디옥교회는 나중에 가서는 예루살렘교회의 바통을 이어받아 다른 초대교회들의 모교회가 되었을 뿐 아니라 특히 이방 지역의 선교 사역을 위한 본부로서 크게 쓰이는 중추적인 교회가 되었다.

디아 안디옥과 수리아의 안디옥이 있는데(행13-14;) 처음 교회가 설립된 곳은 수리아의 안디옥이다. 이현상은 당시에 유대 지역(땅)으로만 머뭇거리던 복음이 초대 예루살렘 교회에 핍박이 가해짐으로 복음은 사방으로 흩어지는 결과를 가져오게 되었다.

세계로 흘러간 복음의 물결

1 최초 기독교 복음 발현

예수 그리스도
초대 예루살렘교회

2 최초 선교사 파송

사도 바울/ 바나바
수리아 안디옥교회

3 최초 전 세계적 복음전파

사도 바울의 1,2,3차 전도여행

4 현대 교회까지 복음 수용

미전도 종족을 제외한
기독교 복음 수용

Table-6

2. 수리아 안디옥 위치와 명칭65)

수리아(시리아) 안디옥은 당시 로마 제국 산하에서 로마와 알렉산드리아 다음 가는 세 번째 대도시였다. 주전 300년경 수리아의 셀류쿠스 왕에 의해 세워진 수리아의 수도이다. 안디옥이라는 명칭은 셀류쿠스의 아버지인 안티오쿠스를 기념해서 붙여졌으며, 주전 64년 로마 폼페이우스에 의해 정복된 후 로마의 정복지 수리아의 수도가 되었다.

---

65) 안디옥은 셀류기아 항에서 32km 내륙에 위치 해 있으며 오론테스 강이 안디옥을 따라 흐르고 있다.

3. 수리아 안디옥교회의 설립 동기

초대 예루살렘교회는 최초로 집사 7사람을 세웠는데, 그중 스데반 집사
가 예루살렘교회에서 처음 순교를 당하게 된다. 이로 인하여 예루살렘에
박해가 시작되었다. 그 박해는 더 극심해지면서 자연적으로 박해를 피해
흩어지면서 복음을 지닌 사람들이 베니게, 구브로, 안디옥(수리아) 등에서
복음을 전하게 되었다. 이때 안디옥에도 교회가 세워졌다(행11:19-20).

4. 수리아 안디옥에 전도

이스라엘 예루살렘에서 스데반 집사가 순교를 당하자 박해를 피해 온 사
람들이 복음을 전하여 최초의 이방교회가 세워지게 되었다(행11:19 -21).
이 소식을 들은 예루살렘교회는 이곳에 바나바를 전담 목회자로 파송했
다(행11:22).

5. 안디옥 교회의 사역

수리아 안디옥 교회는 제자들이 처음으로 '그리스도인'이라는 소리를 듣
게 된 곳으로(행11:26), 기근으로 고통당하는 예루살렘교회를 위해 헌금을
했으며(행11:27-30), 바나바는 다소에서 소일거리를 하면서 머물고 있는 바
울을 안디옥으로 데리고 와서 함께 교회에서 동역하며 성도들을 가르쳤
다(행11:25). 그들의 사역은 온 교회의 동역의 모범을 보였다.[66]

---

66) Howard A. Snyder, Earth Currents:The Struggle for the World's Soul,
Abingdon Press, 1995, pp.176-179.

6. 유대인 공동체 형성

예수 그리스도 당시 수리아는 이스라엘과 지역적으로 가까운 거리에 위치하고 있는 관계로 신약시대에는 많은 유대인 공동체가 수리아 전역에 형성되어 있었다. 예수께서 갈릴리에서 복음을 전하자 그 소식은 인접지역인 수리아까지 퍼져나갔다(마4:23-24).

안디옥에는 유대인이 점점 많이 서주하게 되었고 유대교로 개종한 이방인의 수도 늘어났다.[67]

7. 최초 선교사 파송, 안디옥교회

안디옥교회는 바울과 바나바를 최초의 선교사로 파송하는 등 초대 교회 선교사역을 펼쳐가는데 중심역할을 했다(행13:1-4). 47-55년 경까지 사도 바울의 1-3차 선교여행의 근거지로써 역사적인 선교사역의 중심지 역할을 했던 곳이다(행13-20장). 안디옥은 기독교의 중심지가 되어 주후 3세기와 4세기에 번성하였으며 안디옥 학파를 형성하였다.

v. 사도 시대의 특색

1. 기독교가 세계 각지에 전파

소아시아, 헬라, 마게도니아, 로마 등 복음의 물결은 초대 예루살렘교회로부터 흘러 나와 이방지역 수리아 안디옥교회를 거치며 세계 곳곳을 적

---

67) 요세푸스(F. Josephus)는 이곳에 거대한 유대인의 회당이 있었다고 기록한다.

시며 그 물결을 전 세계적으로 흘려 내보낸 것이다. 이로 인하여 거침 없이 흘러간 복음은 오늘 우리에게까지 다가와 변화를 주었다.

2. 신약 성경 기록

신약 성경 27권이 이 시대에 기록되었다. 사복음서, 바울서신 13개 서신, 히브리서, 역사서인 사도행전, 계시록이다. 신약의 기록 연대는 27권 모두가 A.D. 50-100년 사이 즉 50년 기간 동안 기록되어 졌다.

3. 초대교회 내에서의 정경 인정

신약 성경 27권은 기록된 이후에 당시 초대교회의 중요한 신앙의 원리와 이론 그리고 실천의 기준으로서 존중되었다. 초대 교회 내에서 이미 신약 성경에 대한 정경의 가치를 스스로 인정하게 되었다. 이러한 현상은 정경 이 확립되기 이전에 그 시대를 살았던 성도들의 평가가 긍정적으로 작용 되면서 자연스럽게 정경의 권위가 세워졌다.[68]

4. 성도들의 성령 충만한 삶

초대교회 공동체의 성도들은 성령이 충만했다. 그 능력에 사로잡혀 있는 성도들이 다이나믹한 전도활동으로 외부의 유대인들의 박해가 비례적으 로 시작되었다. 거룩한 공동체의 속성은 세속적인 악의 세력들이 도전해

---

68) 한편, 신약성경이 인정을 받는 정서와는 달리 지역과 개인에 따라 어떤 책은 보다 더 존중되고 또 어떤 책은 그 정경성을 의심 받기도 한 것은 사실이다.

오는 만큼 복음전도의 영향력은 대단히 강하게 전개해 갔다.

5. 사도 베드로와 초대교회 성도

사도 베드로를 통해 12제자와 제자들을 따랐던 속 사도들과 초대교회 성
도들은 핍박으로 인하여 주변도시로 흩어지고 전도가 자연적으로 이루어
지므로 초대교회의 복음은 멀리 퍼져갔다.

6. 바울의 개종 및 전도로 세계적 종교로 발전

-바울이 다메섹에서 예수님의 부름에 굴복하여 기독교에 끼친 영향은
전 세계적이었다.

-로마 군대가 유대교의 총본산인 예루살렘 성을 함락하고 유대교를 함
락함으로서 기독교가 유대교를 능가하게 되었다.

-기독교인이 각지로 흩어져 전도의 판도가 확장되고 주 무대가 예루살
렘에서 지중해 연안의 전 지역으로 확장되게 되었다.

-그 시대에 하나님 말씀에 대한 성경에 대하여 정경(Canon)으로의 형성
이 촉진되었다.

-본격적인 기독교 조직화가 촉진되었다.

기독교와 로마 제국의 관계

Chapter-7

기독교와 로마 제국의 관계

The Relationship for Christianity and Rome

i. 로마 제국 하에서의 기독교

그 시대의 강력한 국가체제를 갖추고 있던 세계적인 강국은 유일하게 로마 제국이었다. 바로 로마제국은 기독교의 복음전파의 도구로 사용된다. 당시 주변국이며 세계 열방의 축에도 낄 수 없었던 이스라엘에서 복음은 그 싹을 움트게 된다.

그러나 복음의 연약한 싹은 '로마 제국'(the Roman Empire)[69] 이라는 거대

---

[69] '로마제국'the Roman Empire:로마 황제 권력(imperium)은 이론상 황제가 가진 '호민관 특권'(potestas tribunicia)과 '대행 집정관 권한'(imperium proconsulare)에 따른 것이었다. 호민관 특권(공화정 시대 호민관에게 부여되는 권한)은 황제 개인과 그 지위를 신성불가침으로 규정하였으며, 정부에 대한 통치권을 부여하였다. 대행 집

하고 막강한 온실 속에서 복음은 효과적으로 자라게 되었다. 그리고 끝내는 그 꽃을 피우고 세계를 잠식하는 기독교로 성장하게 되는 것이다.

다음의 몇 가지를 통해서 로마 제국 하에서의 기독교의 복음이 확산되는 (The gospel spreads) 역사가 드러나고 있는 역사의 아이러니를 살필 수 있다.

1. 로마의 지리적 범위

당시 지리적 환경에서 로마가 정복했던 국가들을 일컬어 '세계적인 로마 영토'라고 할 수 있다.

A. 세계적 판도 변화-로마 영토

당시의 세계의 판도는 지중해를 중심하여 인류문화가 발생하기 시작했고 지중해를 둘러싼 전 지역을 로마가 정복하여 자국(自國)의 영토로 삼았다. 횡적(橫的)으로는 영국에서-바사 왕국(페르시아, 지금의 이란)까지, 종적(縱的)으로는 북 아프리카에서-북 유럽까지가 당시 로마의 영토의 범위였다. 사도 바울은 로마의 시민권을 지녔고, 바울의 세계 선교여행은 로마 정복

정관 권한(공화정 시대의 총독 역할을 맡던 대행 집정관의 권한)을 통해 황제는 로마 군 통수권을 가지게 된다. 황제는 공화정 시대에는 원로원과 민회의 몫이었던 전쟁 선언, 조약 비준, 외교 협상 등의 외교권도 가졌으며, 원로원 의원 임명권 등 과거 감찰관이 맡던 여러 권한을 행사하기도 하였다. 황제는 종교 조직을 통제하였으며, 황제는 늘 대제사장(pontifex maximus)이며 네 가지 주요 사제단의 일원이었다. 제정 초기에 이러한 여러 권력은 명확하게 구분되었으나 나중에는 그 구분이 사라졌으며, 황제권은 입헌적이기 보다 군주적인 방향으로 나아갔다(Frank Frost Abbott. [A History and Description of Roman Political Institutions]. Elibron Classics, 342쪽).

지역이었던 세계를 누비면서 자연스럽게 신변 보장을 받을 수 있었다.

B. 문화의 중심지

로마는 군대의 힘만 아니라 세계 문화의 중심지로 그 역할을 다해냈다. 로마로 하여금 세계적인 문화의 동화(同化), 각 국의 로마의 문화를 통한 정신적인 사회적 통일은, 이방지역에 생소한 복음을 전하는네 이질감이 아니라 효과적인 적응력을 가져다 주었다.

2. 교통의 편리

A. 교통망의 네트웍

로마는 자국(自國)을 중심하여 세계 각지에 편리한 교통망을 확충하게 되었다. 그 교통망의 연결은 거미줄 같았고 모든 길은 로마로 통할 정도였다. 이러한 교통망의 세계적인 네트웍을 가리켜서 '사통팔달'(Running in all directions)은 당시 복음을 들고 한 번도 가보지 않았던 바울에게는 엄청난 혜택이었다.

B. 교류 전달

로마 군사용 도로가 개통됨으로 바울의 전도여행과 복음 활동을 돕는 도구역할을 하게 된 교통의 편리함은 다른 발전을 가져다주었다. 커뮤니케이션을 활발하게 돕는 문서전달과 개인 교류까지의 확충은 모든 분야에서 엄청난 발달을 주게 된 것이다.

3. 언어 통일

A. 헬라어의 보급

-코이네 헬라어

그 당시 세계적인 언어는 헬라어의 시대적인 구분에 의하면 고급 지식의
용어로 사용되는 알렉산드리안의 코이네 헬라어(그리스어)였다.[70] 헬라어는
상류사회로부터 대중적으로 보급되는 언어로서 퍼지게 되면서 누구나 쉽
게 접하게 되는 공통적 언어가 된다.

-70인역 성경 번역 언어, 코이네 헬라어 사용

이미 알렉산더 대제가 오래전 70인역 헬라어 성경을 번역 보급된 것은
결코 우연의 일치는 아니다. 하나님의 이방 역사를 사용하여 복음을 전파

---

[70] 헬라어의 시대구분:그리스 본토와 키프로스를 중심으로 약 1100만명이 사용한다.
1) Proto-Greek : 3000 - 2000 B.C.,
2) Classical Greek : 1400 - 300 B.C.,
3) Alexandrian Koine : 300 B.C. - A.D. 300/ 6 C.
성경헬라어가 이 시기에 속하며 학자에 따라 그 하한연도를 A.D. 300 년 아니면 6세
기로 잡는다.
알렉산드리안 코이네 헬라어(Alexandrian Koine):페르시아 전쟁 후 그리스의 정치,
경제, 문화적 학문적 집중현상은 아테네로 집중되기 시작했다. 고대 그리스 세계의
말기에 이르면 아테네의 방언인 Attic방언이 전(全) 그리스 세계의 공통방언(Koine)으
로 자리 잡기 시작했다. 더욱이 그리스의 새로운 맹주로 등장한 Macedonia의 Philip
2세가 Attic방언을 자신의 궁전의 공용어로 선포한 이후부터 이러한 현상은 더욱 가
속화 되어 급기야는 다른 고대 그리스 방언들은 사멸하기에 이르렀다. 이 Koine는
알렉산더 대왕의 정복에 의해 지중해에서부터 인도에 이르기까지의 광활한 제국의 영
토에서 지식인들과 상인들의 국제어로 발전해 나갔다. 오늘날 신학을 전공하는 사람
들이 공부하는 성경 헬라어(Biblical Greek)가 바로 이 시대에 속하는 그리스어이다.

하는 섭리를 볼 수 있다.

B. 라틴어의 통용

-그와 함께 라틴어의 통용은 복음전도에 크게 기여하게 되었다.
-이와 같이 언어적인 세계 통일과 보급은 엄청난 복음의 확장을 가져다주는 중요한 매개체 역할을 감당하게 된다.

4. 군제 통일

A. 강한 군대

-로마의 군대는 당시 세계 어느 국가의 군대도 당하지 못하는 막강한 군대를 자라했다.
-로마 군대의 규율과 훈련은 최정예 군사로 키워내고 있었으며 세계 정복지에 대하여 로마군대는 강력한 통치가 가능했던 수단이 되었다.
-새롭게 등극하는 황제마다 로마군대를 자신의 강력한 통치 도구로 이용했다.[71]

---

[71] 사실 황제권의 주요 기반은 군대였다. 황제 금고에서 봉급을 받았던 군단 병사들은 해마다 황제에 대한 충성서약(sacramentum)을 했다(Goldsworthy, Adrian.〈The Life of a Roman Soldier〉, [The Complete Roman Army]. London: Thames & Hudson, 80쪽). 황제가 죽으면 위기 상황이 닥치기도 했다. 규칙상으로는 원로원이 새 황제를 선출해야 했지만, 대부분의 황제는 자신이 후계자를(보통 자신의 혈족) 지명하였다. 새 황제는 정치를 안정시키기 위해 신속히 황제권을 인수해야 했다. 근위대와 군단의 충성을 얻지 못하면 황제는 권좌를 지킬 수 없었다. 이들의 충성을 얻기 위해 여러 황제는 이들에게 군대 포상(donativum)을 지급하였다(다음 위키백과사전).

B. 점령국의 치안

 -자국의 백성들과 점령국에 대한 치안을 강화하여 그들의 안녕과 질서를 치밀하게 보존했다.
 -이스라엘의 자체 치안만 기댔다면 오늘 우리에게 복음이 전달되지 못했을 것이란 지론은 충분히 가능성이 있는 주장이다.

5. 유대인의 분산(Diaspora)

A. 잠정적인 이주

당시의 이스라엘 사람들은 자국 내에서 빈번히 발생되는 주변 강대국의 침략과 약탈로 혼란이 가중되는가 하면, 한편 주변국에서 일어나는 상업 발달과 국제적인 무역에 눈을 뜬 유대인들이 세계 각 곳에 투자 성격의 잠정적인 이주를 하게 되었다.

B. 박해와 분산

주변 강국의 이스라엘에 대한 박해로 유대인들은 전 세계 곳곳에 속속들이 분산하게 된다. 이러한 수난의 역사는 나중에 복음의 확산에 일익을 담당하게 되는 자연적인 형태로 나타난다. 사도 바울이 복음을 들고 세계 전도여행을 나섰을 때 곳곳에 분산되어 있던 유대인 디아스포라의 존재를 슬기롭게 이용하여 선교의 큰 성과를 거두게 된 것도 결코 우연이 아니라 하나님의 깊고 오묘하신 섭리였다고 본다.

C. 도시 이주

새로운 문화와 새롭게 재편성되는 도시를 찾아 이주하는 등으로 유대인은 세계 각지에 분산이 이뤄지게 된다. 그만큼 주변 열강 틈에 끼어 있으며 몸살을 앓고 있으면서 한편으로 세계적인 정세가 밝게 된 것이다.

D. 회당 출현

-새로운 성전 형태-회당

유대인의 세계로의 분산은 새로운 성전 형태가 생겼는데 그것이 회당이었다. 회당은 흩어진 유대인들의 신앙을 한곳에 집중하게 하는 역할을 하게 되었고 아울러 유대인 만 아니라 이방인들이 회당에서 모며 접촉하면서 복음의 전도활동이 가능하게 된 것이다.

-복음 동역자 발굴처-회당

사도 바울도 한 번도 가보지 못했던 타국에서의 전도활동이 성공적이었던 결실로 드러난 것도 바로 이 회당에 모인 유대인을 전도하여 개종시키고 복음의 동역자로 활용했었다.

6. 도덕적 타락

A. 노예 인신매매

로마 제국의 멸망[72] 가운데 하나의 중요한 원인은 도덕적인 타락이었다.

노예를 사고파는 매매행위는 가장 추잡한 타락으로 성행했다는 증거이다. 인간이 만물의 영장이라고 하는 것은, 하나님의 형상과 똑같이 지음을 받았기 때문이다. 사람의 최대 존엄성은 이미 하나님의 창조행위에서 그 사실이 드러나고 있다.

B. 로마인의 정서

로마 사람들의 정신적인 정서는 괴상한 오락을 탐닉하고 있었다. 한 예로서, 잔인 포악한 맹수와의 격투를 통해 피 흘리는 광경에 흥미를 더해갔다. 격렬한 게임을 즐기거나 야만적인 습성은 국민적 정서 속에 자연스럽게 젖어 들었다. 로마 황제 중 네로는 자신의 생일파티의 불꽃놀이 형태로 로마 시내에 불을 질러댔다.
그리고 그 화재원인을 기독교인들에게 전가하고 책임을 물음으로 로마사람들은 그 말을 믿고 기독교인을 대대적으로 핍박하기 시작했다.

C. 그리스도인의 순교

근 240년 동안 로마의 10대 황제들은 기독교를 핍박하고 박멸하려고 안간 힘을 썼다. 그 핍박은 역사상 혹독할 만큼 그리스도인들을 사지(死地)

---

72) 로마 제국은 아우구스투스가 황제 지배 체제 혹은 원수정(principatus)을 사실상 시작한 기원전 27년부터 몰락까지의 로마를 일컫는다. 로마 제정 시대의 종식은 A.D 395년 동서 로마의 분할, 476년 서로마 제국 멸망, 1453년 비잔티움 제국(동로마) 멸망 등 관점에 따라 다르게 볼 수 있다. 로마 제국은 지중해 동부의 헬레니즘 문화권과 이집트, 유대, 서부의 옛 카르타고, 히스파니아, 갈리아 등의 기존 영토에 이어 브리타니아와 라인 강 서쪽의 게르마니아, 그리스 북쪽의 다키아까지 판도를 넓혔다. 이러한 패권주의는 로마 제국에 막대한 부를 안겨주었을 뿐만 아니라, 로마 제국의 문화를 고대 지중해 세계에 널리 퍼뜨려, 로마 제국의 건축, 법, 정치 등이 전해지게 되었다(다음 위키백과-로마제국 멸망 과정).

로 몰아넣었다. 그러나 최고 권력을 가지고 핍박하거나 심지어 총과 칼로
도 그리스도인의 신앙을 이기지 못한 것이다.

D. 인륜적인 패륜

심각한 것은 로마 사람들은 자녀에 대한 살해 권한을 가장(家長)이 가지고
있었다는 것이다. 그리한 야만스러운 전통은 로마 사회 속으로 퍼져갔다.
로마 황제가 세운 이스라엘의 성경의 헤롯 왕(에돔 사람)이 자신의 아내와
세 아들 그리고 장모를 무참하게 살해하는 참극을 낳게 되었는데, 이런
영향도 로마사회의 극악무도한 사회적 정서와 무관하지 않다는 것이다.

ii. 사도 바울-그의 선교

1. 생애-바울의 내력73)

---

73) * 바울의 간략한 연대 및 성경기록을 소개해 본다. 주후 5년 경, 길리기아 다소 출
생. 많은 학자 중 바울의 출생을 주후 9년경으로 보기도 한다. 그러나 주후 5년 출생
으로 보고 작성했다.
① 28세-예루살렘에서 다메섹으로 성도들을 체포하러 가다. 바울이 회심한 것은 아
마도 주후 33년 경으로 생각된다. ② 28~31세-아라비아로 가서 3년을 지낸다(갈
1:17~18). ③31세-아라비아에서 돌아와 예루살렘을 방문한다. 15일 동안 베드로와
야고보를 만난다(갈1:18~19). 처음에 바나바 외에는 그를 믿지 않았다(행9:26~27). ④
31~39세-그 후 고향 다소로 돌아간다. 거기서 8년 정도 지낸다(갈 1:21). 8년 후 바
나바가 바울의 고향 다소까지 찾아가서 바울을 안디옥으로 데려온다(행11:25~26) ⑤
39~40세-안디옥 교회에서 1년간 사역한다(행11:26). 바울이 회심 후 안디옥에서 처
음으로 공식적 사역까지 약 11년이 걸렸다. ⑥ 41세-부조를 걷어 바나바와 예루살렘
을 방문한다(행11:30). 이 때 갈 2:1에, 14년 후에 다시 예루살렘으로 올라갔다고 했
다. 28세 때 방문 후, 부조를 들고 다시 방문하기까지 14년이 걸렸다고 했으니, 성경
에는 다소에서 지낸 기간이 정확하게 8년이라고 나와 있지 않지만, 그의 궤적을 전체
적으로 조사해 보면, 다소에서 8년 정도 지낸 결과가 나온다. ⑦ 41세-예루살렘에서
안디옥으로 돌아오는 길에 마가를 데리고 왔다(행12:25). ⑧ 41~43세-제1차 전도여
행했다(약 2년 5개월, 행13~14장). 이방인의 회심문제로 예루살렘 공회에 참가했다(3
번째 예루살렘 방문). (44~45세) 안디옥에서 약 2년간 체류한다(행14:28). ⑨ 45~48

A. 출생

-유대인으로 출생

부친과 모친이 유대인으로 길리기아 다소에서 출생했다. 이 지역은 마게도니아 지역에 위치했다(헬라문화 Stoicism 중심지:행9:11,21:39, 22:3).

-로마 시민권 부여 받음

바울은 출생하면서 부모가 로마 시민권자이기 때문에 자동적으로 바울도 로마시민권을 부여받았다(로마시민권 소지:행16:37, 38, 22:25-28). 참고로 당시의 로마 시민권은 지금의 미국 시민권 보다도 더 강력한 힘과 보장을 해주는 것이었다.

B. 가정

세-제 2차 전도여행(약 3년, 행 15:36~18:22), 데살로니가 전후서를 기록했다. 데살로니가 전서와 후서의 서두에 "바울과 실라와 디모데는..."라는 설명이 나온다. 이들은 바울의 2차 전도여행의 멤버들이다. 데살로니가 전후서는 바울의 2차 전도여행 때 쓰여졌다고 본다. ⑩ 48~52세-제3차 전도여행(약 5년, 행18:23~)이다. *에베소에서(행19:1~19:끝), 갈라디아서 기록, 고린도전서 일부를 기록하여 보냄(고전16:8), 고린도전서 나머지 기록하여 보냄, 고린도를 두 번째 방문하고 돌아왔다(에베소에서). 고린도후서 일부를 기록하여 보냈다. *빌립보에서(행20:3~6, 또는 마게도냐), 고린도후서 나머지를 기록하여 보냈다(아마도 빌립보에서), *고린도에서 겨울을 보내면서 로마서를 기록했다, *예루살렘 4번째 방문했다(행21:17~). ⑪ 52~54세-가이사랴로 호송되어 2년 보냈다(행24:27). ⑫ 54세-로마로 떠남(호송됨) 주후59년 8월이나 주후60년 봄, 로마 도착한 것으로 추측된다. ⑬ 55~56세-2년간 로마에서 형이 집행되어 가택에 연금된다(1차 투옥), 옥중서신, 에베소서, 빌립보서, 골로새서, 빌레몬서 기록한다. ⑭ 57~61세-로마에서 석방 후(주후 62년경). 약 4년간 전도여행을 한다(그레데, 밀레도, 에베소, 드로아, 마게도냐, 니고볼리 등), 마게도냐에서 디도서, 디모데전서 기록한다. ⑮61~62세-드로아에서 다시 체포되어 로마로 호송된다. 주후 66년 늦은 봄이었다. 디모데후서 기록했다(로마 감옥에서, 2차 투옥), 사도 바울은 로마에서 순교한다(주후 67년 6월경).

-순수한 베냐민 지파의 혈통을 타고난 유대인 자손이다(롬11:1, 빌3:5). 그는 바리새파에 속했으며, 귀족으로서 부유층에 속한 가정의 배경을 지녔다.

C. 교 육

율법 학자 기말리엘 랍비 문하에서 수학했다. 바울은 전통적 유대인 가정교육을 받고 자랐다(행22:3, 26:4,5).

2. 개종 이후의 행적

A. 개 종

-바울의 개종
기독교인을 박해하기 위해 초대교회 성도의 리스트를 작성하여 체포하고 구금하기 위하여 다메섹을 향해 사막을 횡단하는 도중에 예수님의 출현으로 거꾸러진 후 회심(개종)하게 된다.

-이방선교의 도구로 부름 받음
기독교 전도자로 특별히 이방지역의 전도자로 부름을 받는다. 아라비아 길리기아에서 3년 반 동안 기독교적인 신학훈련과 기도와 명상 훈련을 받았다.

B. 순 교

로마에서 로마 교회를 방문하고 로마 시민들을 접촉하면서 죽는 순간까지 복음 전파와 선교지에 개척한 교회들을 돌보며 자신의 사명을 다하게 된다.

3. 그의 사역

다메섹 도상 개종과 그의 세계 복음화의 비전은 30년 동안 세계 1차, 2차, 3차 전도로 기독교가 세계 종교로 발전하게 되었다.

A. 1차 전도여행(A.D. 46-48)

-출발지-시리아의 안디옥 교회에서 바나바와 함께 세계 최초 선교사로 파송을 받았다(행13장).
-동행자-바나바는 선교 동역자로서 마가는 바나바의 조카로서 바울과 바나바의 조력자였다(행13:14).
-선교지-바울 일행이 선교할 선교 사역지는 구브로, 비시디아, 안디옥, 이고니온, 루스드라 등이었다. 다 나아가 더베, 버가로 갔다가 다시 시리아의 안디옥으로 돌아왔다.

B. 예루살렘 회의(A.D. 49)

-동기 : 예루살렘교회는 이방인은 반드시 할례를 거쳐야 한다고 주장한다.
-결정 : 바울은 이방인들에게 선교를 자유롭게 하려면 누구든지 할례에 상관없이 믿음으로 구원 얻음을 결정하게 된다. 이 결정은 율법을 넘

어서서 복음의 핵심진리인 만인에게 그 진리가 적용되어야 할 것을 말한 것이다.

C. 2차 전도여행(A.D. 49-52)

-출발지-예루살렘, 시리아의 안디옥에서 출발한다.

-사역지-더베, 루스드라, 비시디아의 인디옥, 드로아(이때 마게노냐 환상 이 나타난다). 바울은 유럽으로 건너가 빌립보, 데살로니가, 아덴(아테네), 고 린도, 에베소를 거쳐 다시 예루살렘으로 돌아온다.

D. 3차 전도여행(A.D. 53-58)

-출발지-시리아의 안디옥에서 출발한다.

-사역지-길리기아 다소, 에베소, 드로아, 마게도냐, 헬라 지방을 돌아 에베소지방의 근처인 밀레도에서 '고별설교'-순교를 각오하는 설교를 하 게 된다.

> "보라 이제 나는 성령에 매여 예루살렘으로 가는데 거기서 무슨 일을 당할는지 알 지 못하노라 오직 성령이 각 성에서 내게 증언하여 결박과 환난이 나를 기다린다 하시나 내가 달려갈 길과 주 예수께 받은 사명 곧 하나님의 은혜의 복음을 증언하 는 일을 마치려 함에는 나의 생명조차 조금도 귀한 것으로 여기지 아니하노라"(행 20:22-24).

E. 예루살렘 성 입성

바울은 마지막으로 예루살렘 성에 입성하여 당국에 체포되고 고난이 시작된다. 그는 심문 당하며 가이사랴에서 재판을 받으며 벨릭스 총독과 아그립바 왕 앞에서 전도한다.

F. 로마 압송

-주후 60년 로마 압송-바울은 선교사로서 선교사로서 평생 숙원사역이었던 로마에서의 전도의 기회를 얻는다. 가이사 황제 앞에서, 로마인들에 전도한다.

-스페인 전도[74]-네로 황제 박해(AD 67)로 순교하기 전, 일시 석방기회(63-66 AD)를 이용하여 스페인까지 전도했다.

iii. 사역의 결과

1. 사 역

-이방 중심적 교회-에베소, 고린도, 빌립보교회.

-세계 지역교회 설립-소아시아, 마게도니아, 헬라, 로마 교회.

-마지막 사역과 그의 죽음은 이방지역의 교회를 수없이 남겨놓게 되었다. 이 사역은 바울이 후대 교회에 아름답게 남겨 놓은 기독교 유산이 된 것이다.

---

74) 서유럽의 끝 부분, 스페인 전도는 '땅 끝까지 전도하라!'는 예수 그리스도의 '복음전도명령'-The Evangelical Mandate이기 때문에 바울은 그 사명을 완수하려 한 것이다. 스페인은 지정학적인 위치로 서유럽의 끝에 있었다. 그 사명의 말씀은 "오직 성령이 너희에게 임하시면 너희가 권능을 받고 예루살렘과 온 유대와 사마리아와 땅 끝까지 이르러 내 증인이 되리라 하시니라."

2. 성 경

A. 신약 성경의 바울의 서신서

선교여행을 하면서 성령의 영감을 받아 기록한 13권의 사도 바울의 편지와 히브리서의 신약 성경이다.

a. 사도 바울 서신
바울은 소위 '바울서신'이라고 불리는 13가지 서신을 기록하게 된다. 그는 분주한 선교여행의 틈을 타서 혹은 피선교 교회의 사정이나 질문에 따라 혹은 새 선교지를 위한 준비 작업으로 황급히 붓을 들어 기록하게 된 것이다. 바울이 기록한 13가지 서신들은 선교의 서신이요, 교회적인 서신들이었다.

b. 일반 서신
－바울은 3~4차 전도여행 중 먼저 6개의 서신을 기록했다.
－데살로니가전서
－데살로니가후서 : 데살로니가교회가 종말론에 지나치게 열중한다는 소문을 듣고 이를 시정하기 위해 주후 53년경에 고린도에서 본서를 보냈다.
－갈라디아서 : 제2차 전도여행을 끝내고 선교의 본거지인 안디옥에 돌아와서 본서를 기록하였다.
－고린도전서 : 제3차 전도여행 중 에베소에서 에베소서를 기록했다.
－고린도후서 : 아시아 지역인 에베소를 떠나 유럽의 마게도냐에 이르렀을 때 본서를 기록했다.

-로마서 : 3차 전도여행을 고린도에서 마친 사도 바울은 제4차 전도지로 당시 세계의 수도인 로마를 바라보며, 그 준비서로 본서를 기록한 것이다.

c. 옥중 서신 기록

바울은 예루살렘에서 체포되고, 가이사랴에서 2년 간의 옥고를 겪은 후 로마로 호송되었다. 로마에서 다시 2년간 옥중생활을 보내게 된다. 그 옥중에서 4개서를 기록한다.

-에베소서/ -빌립보서/ -골로새서/ -빌레몬서

d. 목회서신 기록

-디모데전서

-디도서 : 로마옥에서 잠시 석방되어 동방과 서방(서바나) 전도를 하면서 목회서신 2가지를 기록하여 영적인 제자 디모데에게 보낸다.

-디모데후서 : 재차 체포되어 마지막으로 본서를 기록한 후 주후 66~67년경 베드로와 함께 네로에 의해 순교한 것으로 보고 있다.

-히브리서 : 본서의 내용이 그리스도의 절대성을 논하는 변증서라는 점에서 특이한 서신이라 할 수 있다. 예루살렘 함락(주후 70년) 직전에 기록되었을 것이라고 추측된다. 본서의 저자나 저작 장소를 확실하게 규정지을 수 없는 점이 있다.

B. 초대교회의 복음의 진수

-총 14권의 서신서는 후대(後代)에 기독교 복음의 진수를 남기는 위대한 영적 자산(資産)이 되었다.

─이 신약의 말씀들은 초대교회사의 복음진리 사수에 있어서 절대적인 교리적인 역할을 감당하여 이단들의 사상적 도전을 이기고 만 것이다.

3. 신학-바울의 칭의 사상

A. 하나님 주권사상 강조.

a. 신본주의
기독교에서 신본주의는 세상의 중심을 하나님으로 보는 사상이며, 그 하나님께서 주권적으로 이 세상을 주관해 가신다는 믿음 사상이다.[75]

b. 신앙고백의 대상
기독교(Christianity)에서는 신앙고백을 성부 하나님이신 그분을 대상으로 하고 '하나님'에게 신앙을 고백한다.[76]

c. 개혁주의 전통
개혁주의 전통의 가장 기본적이며 포괄적인 특징은 하나님 중심

---

[75] 하나님 주권사상은 신본주의를 말한다. 신본주의란 신학에서 인본주의에 대한 상대적인 말이며, 신율주의라고도 한다. 경건주의, 청교도신앙, 예정론 등이 신율주의를 이해할 수 있다. 간단히 말하면 기독교에서의 신본주의란 세상의 중심을 하나님으로 보는 사상이고 그 하나님께서 주권적으로 이 세상을 주관해 가신다는 믿음이다. 인본주의란 세상의 중심을 인간으로 보는 사상이다. 개인에 대입하면 나의 생활이 하나님 중심인가, 내가 중심인가의 차이로 나타나는 것을 말한다.

[76] '하나님'-God을 유일신으로 믿는 종교를 대분하면 4가지이다. 이슬람교, 유대교, 천주교, 기독교이다. 이 종교들이 믿는 유일신은 다음과 같다. 이슬람교 혹은 무슬림-Muslim에서는 코란경에서 '알라'로 부른다. 유대교는 구약의 하나님만 인정한다. 신약을 성경으로 인정하지 않고 있다. 기독교의 성경에서는 '엘' 혹은 '엘로힘'이라 기록되어 있다. 이것을 천주교-Catholic에서는 '하느님'이라 표현한다. 그러나 기독교-Christianity에서는 '하나님'이라 믿고 그분에게 신앙을 고백한다.

God-Centric 사상과 삶이다. 개혁주의 전통은 성경을 하나님의 전능한 능력과 하나님의 무조건적 선택과 인간의 타락과 부패 속에서 구속의 결말을 포함하여 선포하는 것으로 받아들인다.

d. 주권적 은총, '예수 그리스도의 주권'(Lordship)

하나님의 주권적 은총은 우주적인 차원에서 개인적인 영역을 넘어 우주적 차원을 가진다. 이것은 창조의 보존과 섭리적 통치 속에서 나타난다. 하나님의 주권적 은혜를 높이므로 '어거스틴주의'를 따른 '칼빈주의'라고도 한다.[77]

B. 믿음으로 구원 얻는 '이신득의'(以信得意) 교리 강조.

-이신득의 교리(Justification by faith)[78]

이신득의란 16세기 말틴 루터에 의한 종교 개혁의 핵심 사상이기도 하다. 사람이 의롭게 되는 것은 선행에 의한 것이 아닌 예수 수 그리스도를 믿는 믿음으로 가능한 것이라는 가르침이다.

---

[77] 하나님의 주권과 은총은 예수 그리스도의 주권-Lordship에 초점이 있다.

[78] '이신칭의'-Justification by faith, 라는 말을 사용하기도 하낟. 곧 믿음으로써 인간이 구원을 얻게되는 방법 또는 원리를 말한다. 인간은 선악과의 명령을 범한 아담의 후손으로써 '원 죄'-Original Sin를 갖고 있으므로 인간은 태어나면서 죄를 지니기 때문에 절대적 죄인이다. 또한 자신이 범한 자범죄로 인간 모두는 스스로의 힘으로 진리를 발견하거나 선행의 공로를 쌓는 것으로만 결코 구원에 이를 수가 없다는 사상이다.

여기서 인간을 사랑하시는 하나님께서는 이처럼 '전적 부패'와 '전적 무능력'의 상태에 있는 인간을 위하여 '성자 하나님'-The Son of God이신 예수 그리스도를 인간 대신 죄의 대가를 치루게 하신 것이다. 즉 그의 외 아들이신 예수님이 구속 사역을 성취하신 것이다. 이것을 믿음으로 받아들이는 자에게는 그 구속 사역의 공로가 적용케 되어 '의 인'(義人)의 신분을 얻어 구원을 가능케 하셨다.

그리하여 구원이란 오직 의인만이 얻을 수 있는 바, 회개한 성도는 그 자신 자체가 결코 의인은 못되지만 예수님의 구속의 공로로 죄 문제를 해결 받고 의인으로 인정이 되어 결국 구원을 얻게 되는 것이다.

C. 복음의 교리 확립

-기독교 교리[79]

그리스도의 대속의 십자가 죽음과 부활을 강조한다. 이 신학은 펠라기우스와[80] 알미니안주의와[81] 대조적으로 인간 의지의 자유만으로 절대 구속이 있을 수 없다. 오직 예수 그리스도의 십자가 구속을 떠나서는 인간은 죄에서의 자유를 주지 않는다. 다만 그것은 예수 그리스도의 부활과 승천 속에서 나타난다.

---

79) 기독교를 '개신교'라고 하는 말에는 종교개혁을 왜곡(歪曲)하거나 오해(誤解)하고 싶은 자들의 표현이다. '개신'(改新)이란 말은 새롭게 고쳤다는 말인데, 기독교 종교개혁은 새롭게 고친 것이 아니라, 원래의 그것-성경 우선적이며 초대교회적인 것으로 돌아간 것이다. 그래서 '기독교회'를 Renewaled Church라고 하지 않고 Reformed Church라고 하는 것이다. 물론 현대 교회가 중세적인 교리로 다시 돌아간다는 말이 아니다. 따라서 현대의 기독교인들은 더욱 교리적이며 기독교 역사적인 연구를 게을리 하지 말아야 하겠다.

80) * 펠라기우스(Pelagius, 360-420)-1. 영국의 수사 출신, 2 기독교화 된 로마와 로마교회의 부패 지적, 3. 극단적인 영지주의적 이원론 염증을 느낌, 4. 헬라주의적 도덕과 이성적 신앙 전파
  * 펠라기우스주의 체계화-1. 그의 제자인 켈레스티우스(Celestius)에 의해 체계화, 2. 원죄, 유아 세례 부정, 인간의 완전한 독립적 자유 강조, 3. 412-430까지 어거스틴과 논쟁을 벌임, 4. 431년 에베소 회의에서 이단으로 정죄 당해 파문 당함.
  * 영향-1. 반어거스틴적 신학 사상 전파, 2. 알미니안, 자유주의 등 비성경적, 반종교개혁 사상의 근원적 근거가 됨.

81) 알미니안주의는 직접적인 종교경험을 강조하는 신비주의 신학에 반하는, 이성을 강조하는 개신교 신학의 한 주류이다. 알미니안주의는 합리성과 인간의 자유의지(free will)를 강조한다. 칼빈주의 신학에서는 예정론(predestination)을 통해서 하나님의 계획을 보다 강조하지만, 알미니안주의에서는 창세기의 아담 전승을 인용해서 인간의 자유의지를 보다 강조하는 성격이 강하다.

사도들의 복음 사역

The Evangelistic Ministry of Apostles

Chapter-8

사도들의 복음 사역
The Evangelistic Ministry of Apostles

ⅰ. 사도들의 활동

1. 사도의 의미

A. 유래

-'사도'(使徒)는 복음을 전달받을 대상인 그 누구에게 사용되는 그룹(공동체), '보냄이나 파견된 사람'이라는 의미를 지니고 있다.

-현재 신학계에서 사용되고 있는 영어 Apostle은 라틴어 'apostolus'를 거쳐, 그리스어(헬라)로 'ἀπόστολος'(Apostolos, 사도)에서 유래했다.

-'사도'는 복음을 전하기 위해 예수 그리스도로부터 직접 파송된 자들을 가리키고 있다.

B. 12 제자

'12'(Twelve)라는 수(數)에는 특별한 중요성이 부여된 것 같다. 어떤 학자들은 이스라엘 12지파를 지칭하는 것으로 해석하기도 한다.[82]

2. 사도의 자격

A. 예수 그리스도께서 선택함

예수 그리스도가 선택한 12명의 그의 제자가 사도라 칭하는 사람들이다. 때로는 다른 사람들에게 적용되기도 한다(예, 바울의 경우 나 선교 동역자 등).

B. '사도'-Apostle

　-신약성경 사도행전에서는 12명의 예수 그리스도의 제자들에게 '사도'(Apostle)라는 단어가 일반적으로 적용되어 기록되어 있다.
　-사도행전은 성령행전과 함께 초대교회의 주역이었던 12사도의 기록을 중심적으로 기록한 보고(寶庫)이기도 하다.

---

[82] 예수님이 왜 하필이면 10명도 아니고 11명도 아니고 13명도 아니고 12명을 제자 삼으셨는가? 성경에서 12와 관련된 다른 것들과 연관시켜 생각해보는 것이다. 성경은 계시의 책이다. 말씀하신 것처럼 12는 '완전 수'이다. 3곱하기 4해서 나오는 숫자인 12는 하나님과 교회의 완전한 연합을 의미하기도 한다. 12 지파, 12 제자, 12 진주문이라고 하는 것은 모두 완전함에 대한 계시라고 볼 수밖에 없다.

C. 12명 제자로 택하고 부름

　-누가복음 6장 13절에 따르면 예수가 제자들 가운데 12명을 택하여 "사도로 삼으셨다"라고 했다.

　-마가복음 6장 30절에는 예수의 명령에 따라 복음전파와 병 고치는 사명을 다하고 돌아온 것에 대해 언급하면서 12명의 제자들을 사도들이라 불렀다.

D. '사도'(Apostle)의 규정

　a. 세움 받음-예수 그리스도로부터 부름 받고 또 그가 직접 세웠다.
　b. 사역 동참-예수 그리스도의 3년의 공생애 사역에 함께 동참한다.
　c. 능력 행함- 기적을 행할 만큼 성령의 능력을 소유한 자이다.

　-사도의 규정으로 '사도'라는 명칭을 적용했던 12제자와 부활하신 예수를 체험(다메섹도상)했던 바울에게 까지 제한하여 칭(稱)하게 했다.

　-좀 더 넓게 사도들의 사역에 직접 동참하고 그들의 조력자요 동역자로서 사도적 은사를 받았던 인물들(바나바, 실라, 누가 등)도 '사도'라 불렀다.

Table-7　　　　　　　12사도의 출신과 사역

이름	별명	고향	직업	사역	최후(전승에 따름)
베드로	시몬,게바 (반석)	벳새다	어부	적극적, 다혈질. 유대인들의 사도. 바벨론 지역까지 선교. 예루살렘 교회 수장	로마에서 순교

야고보	보아너게 (우레의 아들)	벳새다	어부	야심 많고 배타적. 예루살렘, 유대 지방에서 전도	최초 순교자 (헤롯 왕에 살해됨)
요한	보아너게	벳새다	어부	에베소에서 선교. 밧모 섬에 유배. 계시록 기록	에베소에서 사망
안드레		벳새다	어부	헬라, 소아시아에서 선교	X, 십자가 순교
빌립		벳새다	어부	브루기아에서 선교	히에라볼리에서 순
바돌로매	나다나엘	갈릴리 가나		아르메니아에서 선교	아르메니아 순교
도마	디두모	갈릴리		의심 많음. 바사, 인도 선교	인도에서 순교
마태	레위	가버나움	세리	복음서 기록. 에티오피아에서 선교	에티오피아에서 순교
야고보	알패오의 아들			블레셋, 애굽에서 선교	애굽에서 순교
다대오	유다	갈릴리		수리아 지역에서 선교	수리아 지역 순교
시몬	셀롯, 가나인	갈릴리		열정적 성격	십자가형 당한 듯함
유다		가룟		세속적 가치관을 가짐. 예수를 팖	자살

* 83)

3. 사도에 따른 훈련

-12사도의 자격은 스승 예수를 늘 수행하고 그의 특별한 가르침과 훈련을 받는 것이었다.

-그들은 적어도 1번은 특별 사명을 가지고 2명씩 짝을 지어 보냄을 받았는데, 그것은 메시아 왕국이 임박했음을 선언하기 위해서였다(막6장, 마10장, 눅9장 참조).

---

83) 12사도의 행적(使徒), 라이프성경사전, 서울: 생명의말씀사, 2006. 네이버 지식백과.

-예수님께서 직접 그들을 가르치고 교훈했던 대로 예수님을 따르던 제자를 가리키고 있다.

-12제자 가운데 베드로, 야고보, 요한은 야이로의 딸을 살리는 일, 치유의 기적의 역사를 보여 줬다(막5:37, 눅8:51).

-예수님의 변화산의 사건을 목격하는 기사 앞에 서 있었다(막9장, 마17장, 눅9장).

-겟세마네 동산에서 예수님이 마지막 피가 땀이 되도록 기도하신 고통(막14:33, 마26:37) 등의 사건들을 목격하도록 허락받은 핵심 사도들이었다.

4. 공생애 사역의 결실

-예수님은 3년의 공생애 동안 12명의 제자를 훈련시켜 그의 사후의 복음 활동을 맡기시고 승천하셨다.

-이때 예수님의 승천을 목격했던 500여 명의 제자들과 그를 따르던 무리는 마가 요한의 다락방에 120명이 모여 전혀 기도에 힘쓰므로 초대교회 공동체로서 예수 그리스도의 사역의 결실을 거둘 수 있었다.

5. 사도의 사명-초대 교회 설립

-예수의 12제자인 사도들은 그의 스승이신 예수의 부활을 목격하고 그의 증인으로 예수 그리스도께서 명령하신 초대교회를 세웠다.

-예수님이 승천하시면서 '보혜사 성령을 보내겠다'고 말씀하시며 그 약속을 오순절 끝날 '불의 혀 같이 갈라지는 성령의 능력'으로 보내셔서 그 성령 하나님이신 절대적인 권능으로 지상에 초대교회를 세웠다.

6. 사도의 사역과 보충

-배반자 가룟 유다의 변절과 죽음으로 공백이 생겼을 때 즉각 조치를 취하여 맛디아 선출함으로써 그 공백을 메웠다(행1장).

-바울은 다메섹 도상에서 예수님께 직접 사도직임을 받았다(행11:30).[84]

A. 베드로(Peter)

-예수님의 수제자라고 자타가 공인하고 있다.

-예루살렘 교회를 지키는 목회자로서 공회(총회)의 대표의 자격으로 발언했다.

-자주 타지방을 순회하면서 전도사역을 감당했다.

-나중 로마에서 거꾸러 매달린 십자가형을 받아 순교했다고 추정한다 (AD 64).[85]

B. 안드레(Andrew)

-안드레는 베드로의 형제이다(마10:2).

-아시아 지역의 여러 지방에서 전도사역을 감당했다.

-러시아 남방 시티아에서 전도 중 십자가 처형으로 순교했다.[86]

---

[84] 바울은 자신이 사도 칭호를 사용할 수 있음을 정식으로 주장했으며, 이는 그가 분명히 예수 그리스도를 다메섹 도상에서 만났으며 그로부터 직접 사명을 받았음을 근거로 한 것이었다. 이것은 새로 임명된 사도는 주님의 부활을 목격한 사람이어야 한다는 사도행전의 전제조건과 일치하는 것으로 보인다.

[85] 제롬은 베드로의 죽음에 관하여 이렇게 기록하고 있다. "베드로는 머리가 땅으로, 다리가 위를 향하는 자세로, 즉 거꾸로 십자가에 못박혔다. 그는 이렇게 주님과 같은 자세로 죽을 만큼 자신이 고귀하지 못하다는 생각을 했다고 전해진다."

C. 야고보(James the Great, 세배대의 아들)

-사도 야고보는 사도 요한의 형제이다. 그리고 그들은 예수님과는 이종 형제간이다.

-예루살렘 교회의 주역으로 사역했다.

-예루살렘에서 스데반 집사가 순교한 후 약 10년 뒤 돌에 맞아 순교했다(AD 44).[87]

D. 요한(John, 세배대의 아들)

-요한은 세배대의 아들 야고보와 형제간이다. 예루살렘 교회에서 주역으로 사역했다.

-요한은 늘 예수님께 '사랑받는 제자'로 더 알려졌다.

-예루살렘 교회를 떠나 소아시아 지역의 에베소에서 사역했다.

-나중 도미티안(Domitian)에 의해 에베소 남단에 위치한 밧모섬에 유배되어 거기서 요한계시록 기록했다. 그리고 죽음으로 순교했다(AD 100).[88]

E. 빌립(Philip)

---

86) 안드레의 순교는 땅에서 십자가의 두 끝을 수직으로 못박혀 죽었다고 전해진다.

87) 세배대의 아들 야고보의 어머니와 마리아는 종자매이다. 그의 순교는 스데반 집사가 죽은 후 약 10년이 채 지나지 않아 일어났다. 이는 헤롯 아그립바가 유대의 총독으로 임명되자마자 유대인들에게 환심을 얻을 목적으로 초대교회 그리스도인들에 대하여 매서운 박해를 가하기 시작했을 때 돌에 맞아 죽었다고 전해진다.

88) 요한은 에베소로부터 로마로 강제 송환 명령을 받았으며, 그곳에서 기름이 끓는 솥에 던져지는 형을 받았었다. 그러나 기적적으로 피해 달아나는데 성공했다. 그후 로마 황제 도미티안은 그를 밧모 섬으로 추방했다. 도미티안이 후계자인 네르바가 요한을 재송환했으나 그는 사도들 중에 유일하게 참혹한 죽음을 피한 제자인 셈이다.

-빌립은 갈릴리 지방의 벳세다 출신이다.

-갈릴리에서 최초로 예수님의 부름 받게 된 '제자'라고 불렸다.

-이방 지역 프리기아의 헤리오폴리스에서 십자가 형으로 순교를 당했다(AD 54).[89]

F. 바돌로매(Batholomew)

-바돌로매는 이방 여러 나라에서 복음을 전했다.

-아라비아에서 오랫동안 구금된 상태에서 잔인하게 폭행당한 후, 포악한 우상 숭배자에게 가죽이 벗겨지는 순교를 했다.

G. 도마(Thomas)

-도마는 사람들에게 '디두모'(Didymus)라고 불렸다.

-파티아와 인도에서 복음을 전했고 많은 사람을 개종시켰다.

-이일로 이교도 제사장들에게 분노를 사고, 수리아와 인도에서 전도 중 창으로 찔려 피살당했다.

-인도지역에 세웠던 '성 도마 교단'은 지금도 인도에 남았다.

H. 마태(Matthew)

-마태는 세금 징수원으로 당시는 '세리'라고 불렸다.

-나사렛 출신이며 예수님과 같은 동네에서 거주했다.

---

89) 그는 북아시아(Upper Asia)에서 사역을 하면서 신실하게 주를 섬겼다. 그러다 감옥에 갇히고 채찍 등 심한 고문을 받다가 프리기아의 헤리오폴리스에서 순교당했다.

-예수님이 승천 후 9년 동안 유대지방을 전도했다.

-마태복음을 기록했다.

-파티아와 에디오피아에서 전도 중 목을 베임으로 순교했다(AD 60
년).90)

I. 야고보(James 알패오 아들)

-이 야고보는 알패오의 아들이며, 작은 야고보라 했다.

-예루살렘 교회의 감독이라 불렸다(클레멘트, 유세비우스 등).

-경건한 기도생활로 험난한 지도자 역을 유지했다.

-유대주의자들은 그를 유대교로 귀화시키기 위해 유혹, 심문, 성전
꼭대기에 데려가 협박하며 떨어뜨려 순교했다.91)

J. 다대오-유다

-다대오는 한편 다른 그의 이름은 셀롯 시몬이다.

-그는 야고보의 형제로서 유다라 했다.

-그는 수리아(지금의 시리아)에서 전도하다 순교했다.

K. 시몬(Simon)-가나안 인

-시몬은 가나안 인으로 소개되고 있다. 그의 다른 이름은 젤롯(Zelotes)

---

90) 마태는 에디오피아에서 박해받았으며, 나다바에서 바늘창으로 살해당했다고 전해진
다.

91) 야고보서 기록에 의하면 성전 꼭대기에서도 복음 전파했다고 하며, 94세 때 그는 유
대인들에게 구타 당하고 돌로 맞아, 결국 뇌에 손상을 입고 순교했다.

이다.

-로마 정복 세력에 맞서 유대민족 정신을 지키는 열심당원이기도 했
다.

-그는 아프리카 마우리타니아(MAuritania)에서 전도했으며, 그 밖에 아
시아 및 인도와 그리고 영국까지 전도했다.

-그는 전도 중 십자가 못 박혀 순교했다(AD 74).[92]

L. 맛디아[93]

-맛디아는 가룟 유다가 예수를 배반하고 자살하므로 비었던 자리를
대신하여 뽑힌 자이다(행1:23-26).

-맛디아의 이름의 뜻은 '하나님의 주심(선물)' 이라는 의미가 있다.

-맛디아는 사도들과 항상 함께 다니고 예수의 부활을 증거하기에 족
한 자라는 이유로 제비를 뽑은 결과 가룟 유다의 대신으로 뽑혀 12제자
중에 가입하게 되었다.

-그의 생애와 봉사에 대한 확실한 증거는 얻을 수 없으나, 그는 그것
에 합당한 자라고 인정받고 있었다(행6:2).

M. 바울(Paul)

-'바울'[94]은 처음에 그는 사울이라는 이름으로 불렸다.[95]

---

92) 시몬은 영국에서 십자가 처형을 당했다고 전해진다.
93) 예수님의 12제중에 사도로 뽑힌 자 맛디아는 예수님이 세례 요한으로부터 요단강에
    서 세례 받을 때부터 부활 승천 시까지 함께 동행던 자이다. 또 그는 예수님이 70명
    의 전도인을 불러 파송할 때도 거기에 참여하여 사역했던 자이다(눅10:1).
94) '바울'의 이름의 뜻은 작은 자를 말한다.

"바울이라고 하는 사울이 성령이 충만하여 그를 주목하고"(행 13:9).

-예수 믿는 성도들을 체포하기 위해 다메섹으로 가다가 예수님이 나타나 그를 이방인 사도로 부르셨다(행9:1-15).

"주께서 가라사대 가라 이 사람은 내 이름을 이방인과 임금들과 이스라엘 자손들 앞에 전하기 위하여 택한 나의 그릇이라"(행9:15).

-그는 율법학자요, 로마 시민권을 소유했으며, 마게도냐 지역에서 출생했다.

-그는 신약성경 13권의 서신서(히브리서를 포함하면 14권)와 세계를 무대로 1, 2, 3차 선교하여 각 도시를 방문하는 곳마다 무수한 교회를 설립했다.

-그는 로마에서 네로 황제에 의해 순교했다(AD 67).[96]

ii. 로마교회

1. 로마 교회의 설립

A. 스스로 세워진 교회

---

95) '사울'은 사도 바울의 믿기 전의 이름(행 7:28, 8:1, 9:1).
96) 사도 바울이 처형되는 과정에서 로마의 두 병사는 바울과 사람들에게 이 사실을 알리고 바울이 자신들을 위해서 기도해 줄 것을 소원했다. 왜냐하면 그들은 그리스도를 믿기를 원했기 때문이다. 그들은 사람들에게 곧 자신들이 그리스도를 믿고 예수님의 무덤가에서 세례받을 것이라고 말했다고 한다. 이 일이 있은 후에 그 병사들은 바울 마을 밖 사형 집행장으로 끌고 갔으며, 그곳에서 바울은 기도를 마치고 칼에 목이베여 순교 당했다.

-이미 '로마교회'는 사도 바울이 로마에 복음을 전파하기 전 존재하고 있었다. 이런 사실이 그가 기록한 로마서에 분명히 기록되어 있다.

"그러므로 나는 할 수 있는 대로 로마에 있는 너희에게도 복음 전하기를 원하노라"(롬1:15).[97]

이 말씀을 서신으로 보낸 시기는 이미 로마에 있는 그리스도인들이 그 지역에 교회를 세운 후에 그들이 받아야 할 편지이기에 그렇다.

B. 로마 방문

-바울이 60 AD 경에 네로 황제의 재판을 받기 위해 로마로 압송 당해 갔다. 바울은 로마 시민권자이기 때문에 로마 황제만이 그를 재판할 수 있었다.

-로마에 가서 감옥에서 선교사역을 활발하게 단행했다(행8:16-23).

"바울이 온 이태를 자기 셋집에 유하며 자기에게 오는 사람을 다 영접하고 담대히 하나님 나라를 전파하며 주 예수 그리스도께 관한 것을 가르치되 금하는 사람이 없었더라"(행28:30,31).

2. 로마에 대한 비전

A. 환난과 결박이 있더라도

---

97) 신약성경 바울의 서신서에 기록된 교회로서 유일하게 바울이 직접 세우지 않았어도 이방 지역에 교회가 설립된 교회는 로마교회 단 하나이다. 다만 설립연대는 기록되어 있지 않다.

-밀레도에서 고별설교

바울은 3차 선교여행을 마치면서 에베소의 장로들을 밀레도에 불러내려 의미심장한 설교를 한다. "예루살렘에 입성하면 필경 결박과 환난이 닥쳐올 것을 성령께서 일러주셨지만 나(바울)는 예루살렘으로 가노라"(행 20:22-24).

-바울의 체포

그후 바울은 예루살렘에 입성하여 체포되고 구금되었다. "오직 성령이 각 성에서 내게 증거하여 결박과 환난이 나를 기다린다 하시나"(행 20:23).

B. 땅끝까지

-선교의 비전

바울이 로마교회에 대한 선교 비전은 땅 끝까지 복음을 전하는 것이었다. 바울은 로마교회에 3번이나 방문하려 했으나 번번이 실패로 돌아갔다.

-로마의 방문

그러나 그는 사형수의 신분으로 로마를 방문하게 된 것이다. 비록 죽음을 기다리는 형편이라도 죽는 순간까지 로마를 정복해야 세계를 복음으로 정복할 수 있었기 때문이다.

2. 오순절 사건-로마교회 설립

오순절 사건은 강력한 성령님이 임재하셔서 초대교회의 설립을 가시화(可視化) 시켰다. 복음의 능력은 로마까지 확장하게 되었고 로마교회가 로마에 세워지게 된 것이다. 로마교회 설립에 대한 설은 약 3가지로 들 수 있다.

A. 베드로의 설립

-사도 베드로가 설립했다는 설이다(Catholic의 견해).[98] 베드로가 핍박으로 로마까지 갔다가 복음을 전하여 교회를 세웠다는 것이다.

B. 예루살렘에 방문했던 성도들의 설립

-예루살렘에 순례차 방문했던 성도들이 세웠다는 설이다(행2:10, Koppe, Baur).[99]

C. 핍박을 피해 로마 성도들이 설립

-예루살렘 교회의 핍박으로 로마까지 갔던 유대인들과 이방인들이 자연스럽게 모여 시작했다는 설(Ambrosiaster)이 있다.[100]

D. 베드로와 바울의 협력으로 설립

-로마교회가 전도자에 의해 직접적으로 세워지지 않았고 베드로와 바

---

[98] 가톨릭 측에서는 이 설을 정설로 교황권의 근거로 받아들인다. 베드로가 주후42-43년 경 예루살렘 옥에서 출옥한(행12:17) 그 길로 바로 로마에 가서 로마교회를 설립했다는 설이다. 이 주장은 근거가 없다.

[99] 주전 63년 폼페이가 예루살렘을 정복할 때 많은 유대인 포로들을 로마로 끌고 갔으며 주전 6년 경 헤롯 아켈라오도 많은 유대인들을 로마로 이주시켰다고 한다. 신약 당시 로마에 거주한 유대인은 약 8천명을 초과했다 한다. 예루살렘을 방문하여 오순절 사건을 체험한 로마의 유대인과 유대교 입교한 이방인들을 중심으로, 로마교회를 설립할 수 있었을 것이라는 추측이 있다.

[100] 오순절 때 예루살렘에 순례했던 신자들(행2:10)을 포함하여 상당한 신자 수가 교회를 세웠을 것이다.

울이 협력하여 로마 교회에 같이 봉사했다는 말은 대체적으로 수긍이 가는 자료이다(Irenaeus).[101]

E. 설립 시기

-주후 62년경에 로마 현지에서 자연스럽게 형성되어 로마교회를 설립했을 가능성을 말하기도 한다.

3. 클라디오스(Claodius)

-클라디오스 황제 통치 시기에 로마의 그리스도인들과 유대인의 추방령으로 로마 변방 식민지로 유랑 길을 떠났다.

4. 선교 동역자 만남

-사도 바울은 이국(異國)의 막연한 지역 고린도에서 브리스길라와 아굴라 부부를 만나 선교 동역자로서 든든한 지원자를 삼는다.

-이들은 로마에서 추방된 그리스도인으로서 고린도서에서 사도 바울을 만나게 된다. "아굴라라 하는 본도에서 난 유대인 하나를 만나니 글라우디오(클라디오스)가 모든 유대인을 명하여 로마에서 떠나라 한고로 그가 그 아내 브리스길라와 함께 이달리야로부터(로마) 새로 온지라 바울이 그들에게 가매"(행 18:2).

---

101) 그후 로마 교회 안에 유대인과 이방인 같이 존재하면서 교회를 서로 협력하며 성장시켜 간 것이다(2:1-29, 3:9, 4:1, 7:1-6, 9-11장).

5. 기독교의 복음 확산

-초대교회 성도들의 핍박과 도피는 사방팔방으로 흩어지게 되었으며 결국 로마의 황족과 귀족 내부까지 깊숙히 침투하게 된다.

> "안디옥 교회에 선지자들과 교사들이 있으니 곧 바나바와 니게르라 하는 시므온과 구레네 사람 루기오와 분봉왕 헤롯의 젖동생 마나엔과102) 및 사울이라"(행13:1).

6. 왕족 복음 전도

-주후 50-60년 사이 로마의 한 황제의 딸이 기독교로 개종을 했다는 기록이 발견되기도 했다.

---

102) 본 구절에서 밝히고 있는 '마나엔'은 왕족에 속한 출신을 말한다. 이미 초대교회인 예루살렘교회의 핍박은 이방지역에 교회가 서게 되었고 왕족들까지 그리스도인들이 되었음을 밝혀주고 있다.

초대교회의 조직과 예배

The Organic and Worship of Early the Church

Chapter-9

초대 교회의 조직과 예배
The Organic and Worship of
Early the Church

신약 시대에서 초대 교회가 탄생되었다. 초대 교회 당시에 처음 신자들이나 지도자들은 회당의 구성원들과 동일한 유대인들이었으므로, 그들은 교회의 조직을 어느 정도 회당의 조직으로 모방했다. 실제로 신약성경의 한 구절에서는 그리스도인의 모임 자체를 회당으로 언급하기도 했다(약 2:2).

ⅰ. 초대 교회의 기능과 조직

교회의 시작은 유대인 중심으로 출발했으나 이방인들이 복음을 받으면서 이방인 지역에도 교회가 탄생되기 시작했다. 한편, 예루살렘 교회가 부흥함에 따라 조직을 필요로 하게 되었다. 교회로서의 조직은 이방인 교회도 역시 긴급하게 필요로 하게 되었다.

1. 초대 교회의 직분 및 조직

초대 교회에는 회당 조직을 넘어선 더 많은 특별한 직책들을 가지고 있었다. 초대교회의 조직은 그 직분에서 구분되고 있다. 크게 구분하면 12 사도직과 장로직으로 구분할 수 있다. 그러나 아래 소개되는 직분(직책)은 신약에 기록된 모든 직책에 대한 이름을 모아 놓았다.

Table-8 　　　 신약 성경에 기록된 초대교회의 직책

-사도(Apostles)

-선지자 예언자(Prophets, 엡2:20, 고전14:37, 고전14:3)

-복음 전도자(Evangelists, 행8:5)

-목사(Pastors, 엡4:11)

-교사(Teachers(엡4:11, 마28:20, 딤후1:11)

-장로(Elders, Presbyters(행20:17, 딛1:5, 벧전5:1)

-감독(Bishops, Overseers)

-집사(Deacons, 딤전3:8, 행6:1-6)

-사역자(Ministers, 고전3:5, 엡3:7, 엡4:12)

-다스리는 자(Leaders, Rulers, 살전5:12-13)

2. 초대 교회의 기능

A. 장로(Elders, Presbyters)

-장로는 목사와 동등했으며, 지역교회를 책임지고 있는 사람에 대한 아주 흔한 명칭이었다(행20:17, 딛1:5, 벧전5:1).

-설립된 교회를 계속 목회할 지도자로서 장로직을 마련하여 세웠다. 이 장로직은 오늘의 현대교회의 장로직과 그 개념이 약간 다를 수 있다. 초대교회의 장로직은 가르치는 일 설교사역과 교사의 직무 그들을 감화와 변화를 주도하는 중대한 일을 감당했었다.

* 예, 베드로는 장로요 가르치는 교사임.

a. 장로의 의미

-구약 교회의 장로(elder)는 연장자(원로, 元老)의 뜻이 있다.

-'어원상으로 턱수염(카이젤)이 있는 자'의 뜻도 있다.

-이스라엘 지파나 가족의 어른으로서 '장로'라 불렀다(출3:16).

-장로란 회당과 이스라엘의 회중에서 빌려온 명칭이다. 구약시대에 정치적인 참여도 했다.

-신약교회의 장로는 신령한 면에 치중하여, 성도들의 직접 선출로 장로의 지도자를 세웠다(딤6:1).

b. 장로를 세운 교회

-장로를 처음 세운 교회는 예루살렘 교회이다.

-예루살렘 교회의 조직과 운영은 구약의 전통을 따라 운영해 갔다.103)

c. 장로의 직무

---

103) 장로는 회중으로부터 물질적인 보조를 받아왔는데, 바울은 그들에게 배나 존경하라 (사례금 드림)고 권면하고 있다.

-장로들을 세워 그들로 예수님께서 당신의 피를 흘리시고 사셨던 교회를 목양하게 했다.

-각 지역별로 각각 교회의 목양을 맡은 장로들은 헌신과 봉사를 통하여 교회를 섬기며 목양했다.

-그중에는 교회를 섬기다 핍박과 곤혹을 당하는 일은 물론이거니와 심지어 목숨까지 잃는 일이 허다했다.

B. 집사(Deacon)

a. 집사의 의미

-초대교회의 '집사'-헬,διάκονος가 성경에서 사용된 단어이므로 오늘의 현대교회에서까지 이 용어를 사용하고 있다.

-또한 집사는 종, 머슴, 전달자(메신저), 시중드는 자 등의 의미를 가지고 있다.[104]

-영어로 원어인 헬라어에 가깝게 A deacon으로 변형되어 사용되고 있다.

b. 집사의 자격

-성경에는 돌에 맞아 순교한 스데반과 빌립 집사가 나온다.

-성경은 집사(deacon)의 자격으로 신중하며, 한 입으로 두 말을 하지 않으며, 술을 탐닉하지 않으며, 부정한 이득을 탐내지 않으며, 깨끗한 양심에 믿음의 비밀을 간직한 사람이라야 한다고 되어있다(딤전3:8-9).

---

104) 성경이 말하는 집사의 원래의 의미는 흙이나 먼지를 뒤집어쓰고 막노동을 하는 하층민을 지칭했다. 그러나 한국어 '집사'는 원래 조선시대에 국왕과 왕실을 중심으로 한 각종 의식에서 주관자를 도와 의식을 진행시킨 의식관으로, 대개 6품 이상이 임명되는 관직을 지칭하는 것이었다. 한국어 '집사'는 양반 만이 가질 수 있는 관직(공무원) 이었다.

-이런 사람들 중에서 먼저 시험해 보고, 책망 받을 일이 없으면, 집사의 일을 하게 하라고 한다(딤전3:10).

c. 집사의 직무
-예루살렘 교회에 처음으로 소개되는 집사 직분은 평신도 직분이다.
-집사는 사도를 돕는 일, 재정관리, 물질봉사의 직무를 맡아 교회 안에서 봉사하는 직책이다.
-이 직분은 오늘 현대교회의 집사직의 모범이 되고 있다.105)

C 전도자(Evangelist)

a. 직무
-예수 그리스도의 복음을 선포하는 자이다(행21:8).
-신약에서는 때때로 전도하는 특별한 계층을 가르키고 있다(엡4:11).

D. 교사(Teacher)

-초대 교회에서 유대 종교지도자들이나 지도자라는 의미로 사용되었다(행13:1; 엡4:11).
-한 예로, 예루살렘교회에서 사도, 장로 등이 교사라는 직책을 수행하는 일이 있었으며 또 그들은 여러 경험상 지혜롭게 가르치기도 했다.

---

105) 위키백과사전에서는 기독교 교회 집사(執事)에 대하여-개신교회의 각 교단 헌법에 따르면 그 자격은 만 30세 이상이며, 일정기간동안 교회에 등록하여 신앙생활을 한 기혼자(旣婚者)가 집사의 직을 임명받게 되어 있다. 흔히 '서리 집사'라고 하는 표현으로 임명하는 직분인데, 그 사람의 행실이나 신앙심, 인격 등을 판단하여 세우고 있다.

E. 감독(Bishop)

a. 의미

  -원래는 지역교회의 총 관리자로 의미했다(딤전3:1-7).

  -속 사도시대 이후 교회에서 봉사하는 최 고위직에 해당하는 성직계급의 명칭으로 불려졌다.

ii. 초대 교회의 예배

1. 예배 장소

A. 초기의 장소

  -초대교회의 예배의 장소는 특별한 개념으로서 변해갔다.

  -예루살렘 성전이나, 회당이 되기도 했으며, 혹은 마가 요한의 다락방이나 어떤 다른 제자의 집에서 모임을 갖기도 했다.

B. 모임의 의미

  -모임의 의미는 구약과 같이 성전의 한 장소 만을 말하는 것이 아니다. 이때로부터 장소의 의미에서 모임 그 자체의 의미가 부여됐다.

  -예수 그리스도의 대속(代贖)의 피로 구원받은 하나님의 백성들이 모여 예배하면 그곳이 성령의 위로와 함께 하나님이 임재하시는 예배 처소가 되곤 했다.

C. 모임의 발전-200년 후

-이때의 그리스도인들은 특별한 건물에서 예배를 드리기 시작했다. 이때는 이미 성전이 아니면 회당으로 예배 장소의 역할을 감당하게 했다.
-초기 기독교 공동체는 어떤 특정한 장소를 정해 놓든지 마련해 놓고 정기적으로 아니면 수시로 모여 예배를 드렸다.

D. 회당의 구조

-특별하게 세계 곳곳에 흩어진 유대인(diaspora)들은 회당에 모이거나 정해진 장소에 모여 예배하며 신앙생활을 유지해 갔던 것이다.
-주로 회당을 마련하여 예배 처소로 사용했다.
-회당의 구조는 평행 4변형으로 설계되어 있었고, 본당과 목사의 자리인 강단으로 구조를 꾸며 놓아 성도가 본당에서 예배를 참여했으며 목사는 강단 자리에서 말씀을 선포하며 예배를 진행해 갔다.

2. 예배로 모이는 때

A. 안식일과 주일에 예배

-초대 교회의 예배드리는 날은 더욱 뜻 깊게 지켜져 갔다.
-예수님께서 승천하신 후 처음 예배를 드렸던 예루살렘 교회의 성도들은 예배일을 안식일과 주일 예배로 드리기 시작했다.

B. 부활의 날 예배

-예배를 이중적으로 드리던 초대 교회는 어느 한 날을 집중적으로 지키게 되었다.

-그날은 바로 예수 그리스도께서 십자가 대속의 고난을 겪으신 후 부활하신 날을 기념하면서 지키기 시작한 '주일'(Sunday)이다.

C. 조심스러운 시도

-복음의 핵심은 예수 그리스도이다.

-그의 부활을 축하하고 기념하여 '주일'(일요일) 예배로 통일하여 지키게 되었다.

-당시 유대 전통적인 상황으로 봐서 안식일이 아닌 다른 날에 예배를 드리는 것이 위험하므로 한때는 예배 시간은 밤이나 비밀리에 모일 때도 있었다.

3. '주의 날'-The Lord's Day

A. '주의 날'-His day

-요한 계시록 1:10에서는 이 날을 '주의 날'(His day)이라고 불렀다.

-하나님 앞에 예배하는 날은 분명히 하나님께서 당신의 구원하신 백성들을 통해 '주의 날'로 불려지는 것은 당연한 일이다.

B. 하나님께 영광

-오직 경배와 찬양을 통해 주의 날에 예배로 드려지므로 하나님 한 분만 영광을 받으셔야 하기 때문이다.

4. 예배의 순서

A. 찬 송

-시편 및 성경 중 이사야 6장과 누가복음 1:46-2:29, 마태복음 21:9을 낭송하며 장엄한 곡을 붙여 노래하기 시작했다.

B. 성경낭독

-사도가 저술한 예수의 언행록(言行錄)으로 주님의 교훈을 배우거나 구약 성경의 선지자의 글들을 인용하여 낭독했다.

C. 설 교

-처음에는 설교자가 간단한 말로 즉석으로 설교를 대신했다.
-점차적으로 설교는 질적(質的)으로 발전하며 정성껏 준비하여 설교를 했다.
-나중엔 설교의 본질, 의미, 형식, 기술 등을 연구하면서 말씀 전파의 기능을 다 고려하고 발전시켜 갔다.

D. 교 훈

-초대 교회의 예배를 통하여 혹은 각 집회를 통하여 말씀의 권고나 설교 중에 진리를 제시하면서 교훈했다. 더욱 예언 등을 이용하여 주님의 교훈을 깨달아 갔던 것이다.

E. 기 도

-예배 인도자가 기도자를 공고함으로 예배를 위한 대표 기도를 진행했다(즉흥적, 회중을 위한 기도를 의뢰함).
-기도는 전체 성도들이 총 기립하여 온 정성을 기울여 기도로 동참해 갔던 것이다. 예배의 기능 중 기도는 예배자가 예배를 받으실 하나님께 드리는 것이기 때문이었다.

F. 주의 만찬(성찬)

-여기서 말하는 '주의 만찬'은 떡과 포도주와 물을 예배 인도자가 나눔으로 집례했다.
-이 만찬은 예배의 결석자를 위해 집사를 통해 떡과 포도주를 그의 집까지 전달하게 했다.
-주께서 십자가에 구속사역을 감행하기로 하신 그 주간 마지막 날에 제자들에게 베푸셨던 그 교훈과 원리로 오늘날 현대 교회에서도 성만찬을 진행해 가고 있다.
-성만찬은 예수 그리스도께서 우리의 죄를 위하여 십자가에서 구속사역을 감당하셨던 고난의 사역을 기억하면서 그에 동참하는 의식이다.

iii. 초대 교회의 예전

1. 초대교회의 예전-세례, 성찬, 절기

A. 세 례

a. 수세전 : 기도하고 자주 금식했다(2년간).

b. 문답식 : 사죄(赦罪)에 관한 원칙을 알리고 구하게 했다. 이 과정은 신자가 세례라는 관문을 거치면서 영적 체험도 중요하지만, 지식적인 체험을 그에 못지 않게 중요하므로 확실하게 훈련을 기했다.

c. 세례식 : 성부, 성자, 성령의 이름으로 세례를 베풀었다. 이때, 세 번 물에 잠기도록 침수(병자나 특수환경 때는 머리에 물 뿌림) 했다.

d. 세례 후 : 성령강림을 바라는 의미에서 안수로 기도했다.

e. 축일, 부활절 : 50일간 흰옷을 입고 예배를 드리거나 일상생활을 이어갔다.

B. 유아 세례

a. 찬성 : 이레니우스, 키프리아니스
   반대 : 터툴리안

b. 라틴 교회는 유아세례를 전반적으로 시행했다.

C. 주의 만찬(성찬)

a. 시행 : 매 주일 예배에서 시행했다.

b. 참여 : 세례 받은 자만 참여하도록 했다.

c. 의미 : 죄를 회개하는 신앙고백과 예수와 연합의 표시이다.

d. 기도 : 세례 후 성령강림 바라는 의미에서 안수로 기도했다.

2. 절 기

A. 부활절

a. 동방 : 유대인의 유월절인 니산 월 14일을 지켰다.

b. 서방 : 춘분(春分) 후 첫 만월(보름) 다음 주일에 지켰다.

c. 통일 : 폴리갑 감독이 158년 로마에 가서 타협하여 통일하려 했으나 에베소 감독 이레오가 반대했다.

d. 공포 : 325년 니케아 종교회의에서 통일에 대한 회합을 갖고 공포했다.

B. 사순절(四旬節, Lent)

a. 부활절 전 1주간(고난 주간) 근신했다.

b. 40시간 무덤에 머물며 금식 시행했다.

c. 40일간 렌트(사순절)로 지켜 갔다.

d. 40일 시작 전야 철야, 세례를 베풀었다.

C. 승천일과 오순절 지킴

a. 부활 후 40일 째는 승천일.

b. 부활 후 50일 째는 오순절.

D. 주현절(主顯節)

−성탄절이 없을 때, 예수와 세례와 주님의 출현을 축하하는 날.

수난 받는 하나님의 공동체

Suffering to God's Community

Chapter-10

수난받는 하나님의 공동체

Suffering to God's Community

i. 고대 아시아의 문명과 지정학적 상황

당시 고대 아시아는 네 제국의 문명이 자리 잡고 있었다. 즉 그리스-로마 문명, 이란(페르시아) 문명, 사이닉(중국) 문명, 그리고 인도 문명이 그것이다.

이 가운데 그리스-로마 문명은 지중해 동부 해안 지역의 패권을 장악하기 위해 애쓰다가 기원전 20년경 페르시아(구약명:바사)와의 평화 협정 이후에 유프라테스강을 기점으로 하여 그 강의 서쪽과 북쪽에 있는 소아시아, 로마 지배하의 시리아(신약명:수리아), 유대 그리고 아르메니아를 장악하게 되었다. 이들은 모두 얼마 지나지 않아 아시아에서 벗어나 초대 기독교사에 포함되었다.

아르메니아의 경우 기독교 상인들의 전도와 초대 교황 그레고리 대제의 전략적 선교 이후 일찍이 기독교화(Christianization)가 이루어졌다.

ii. 기독교의 발생과 전파

기독교는 팔레스틴 지역에서 태동하여 주로 지중해 세계를 중심으로 전파되었다. 지금의 이스라엘 나라인 팔레스틴 지역은 지리적으로 아시아에 포함됨에도 불구하고 기원을 전후하여 로마의 속국으로 로마 문화권에 속해 있었다.

팔레스틴 동쪽은 아라비아 사막 등 불리한 지리적 여건이 가로막고 있었다. 그뿐만 아니라 이질적 문화권에 편입되어 있었기 때문에 서쪽의 로마 제국으로 전파되기가 용이한 선교적 조건을 가지고 있었던 것이다.
그럼에도 불구하고 기독교의 선교 사명은 아시아를 제외시킬 수 없었으며 이곳에도 기독교 복음이 다양한 모습으로 스며 들어갔다.

1. 기독교의 전파

예수 그리스도의 복음이 전파되면서 척박한 땅 유대 예루살렘에 교회가 세워지고 계속 확장되기 시작했다. 따라서 성장과 함께 1세기도 되지 않은 교회에 조직적인 박해가 국가적으로 물밀 듯 찾아왔다.
그러나 예수님께서 33년의 사생애와 공생애를 다 마치시고 하늘로 승천하시면서 지상의 제자들과 교회공동체에 '대 위임령'(The Evangelical Mandate)을 남기셨다. 다음의 명령들은 주님께서 제자들에게 곧 이어 교회가 성령의 폭발로 발생될 공동체에 주어진 것들이다.

"예수께서 나아와 일러 가라사대 하늘과 땅의 모든 권세를 내게 주셨으니 그러므로 너희는 가서 모든 족속으로 제자를 삼아 아버지와 아들과 성령의 이름으로 세례를 주고 내가 너희에게 분부한 모든 것을 가르쳐 지키게 하라 볼찌어다 내가 세상 끝날까지 너희와 항상 함께 있으리라 하시니라"(마28:18-20).

"오직 성령이 너희에게 임하시면 너희가 권능을 받고 예루살렘과 온 유대와 사마리아와 땅 끝까지 이르러 내 증인이 되리라 하시니라"(행1:8).

예수님의 위대한 복음은 전파를 통해서 확장되어 갔다. 다음에 열거되는 지명은 복음이 증거되고 그에 따라 교회가 설립되고 복음은 세계적으로 확산되어 갔던 것이다. 바로 그 복음의 확산은 그냥 자연스럽게 이루어진 것은 결코 아니었다. 기독교에 대하여 유대교와 이방인들의 핍박과 수난을 통해서 세계로 확장된 것이다.

마가 요한의 다락방에 오순절 끝 날에 성령의 불같은 역사가 나타나고 예루살렘에 초대 교회가 세워졌다. 그리고 그 교회는 12제자를 중심한 120명의 성도와 예루살렘에서 안디옥으로, 안디옥에서 최초로 선교사가 파송되면서 세계 1, 2, 3차 선교여행이 이루어지게 되었다.

A. 예루살렘-유대 각 지역으로
B. 안디옥-수리아와 메소보타미아로
C. 에베소-소 아시아 각지로

D. 빌립보, 데살로니가-
마게도냐 지방으로

E. 고린도, 아덴-헬라
지방으로

F. 로마-스페인과 그 밖의
유럽 여러 지방으로

2. 초대 교회 특색

A. 부흥과 수난

-지상에서 교회가 성장하고 부흥하면 교세 확장이 따라오게 되는 것은 자연스러운 이치일 수 밖에 없다.

-교회의 부흥은 그냥 이뤄지지 않는다. 더욱 초대교회 당시는 더욱 그랬다. 반드시 박해와 압박이라는 수난이 따라와 그에 대하여 값을 지불해야만 교회성장은 이뤄지게 되었다.

예루살렘
유대 각 지역으로

안디옥
수리아와 메소보타미아로

에베소
소 아시아 각 나라로

빌립보
데살로니가-마게도냐지방으로

고린도
아덴-헬라 지방으로

로 마
스페인, 그밖의 유럽으로

기독교의 전파 경로

Table-9

세속성이 강한 이땅 위에서 거룩성의 순수한 속성의 교회가 존재하는 것은 그만큼 죄성(罪性)이 강한 거센 저항을 맞을 수밖에 없다는 것을 말해주고 있다.[106]

B. 교회의 성장

-그러나 아이러니칼하게도 박해 때문에 교회는 순수하게 성장할 수 있다. 사람도 고난으로 신앙이 성장하지만 당시의 교회는 로마제국과 이방민족의 박해로 전도(선교)와 믿음이 엄청나게 확장되고 따라서 교회는 성장할 수 있었다.

-인간의 굴곡 된 역사를 이용하여 하나님께서 당신의 의로운 억사를 세우시는 방편이기도 한 것이다.

iii. 박해의 근본 원인

예수 그리스도를 믿는 신앙과 이교도를 따르는 로마의 근본적으로 다른 생활 태도 때문에 박해는 필수적으로 따르는 것일 수밖에 없다. 그러나 그 박해는 말 즉, 필설(筆舌)로 다 설명할 수 없는 피를 흘리는 수난이었다.

1. 우연한 원인

A. 오해로 인해서

-기독교인은 부도덕한 자들-동굴 속에 남녀가 모여 음행하는 것으로 판단한 나머지 오인했다. 여기서 동굴 속이라함은 지상 밖에서는 예수 믿는다는 구실로 온갖 고문과 핍박을 가하기 때문이었다.

-기독교인은 불의한 자들-그들은 예배를 드리면서 성찬식에서 잔을

---

106) 김의환 저, 김의환 전집 Vol. 1 기독교회사, 서울총신대학출판부, pp.72-73.

나누거나 떡을 나누는 모습을 오해하여 자식을 잡아먹는 것으로 판단해 버린 것이다. 기독교는 야만족속이 아니다. 다만 그들이 자신들의 그릇된 사상으로 기독교인을 바라보므로 그런 결과가 빚어지게 되었다.

B. 미신으로 인해

-기독교인 때문에 자신들의 신(神)이 노(怒)해서 천재지변이 발생한다고 여겼다. 이런 경우는 생각에 따라서 얼마든지 결과가 선하게 매듭지어 질 수도 있지만, 당시 로마나 이방 민족은 기독교를 혐오와 증오의 대상으로 생각했기 때문에 그런 비극이 도출되곤 했었다.

-지진, 기근, 가뭄까지 기독교인 때문에 발생한다고 오해했다. 심지어 천재지변까지 기독교인들에게 뒤집어 씌우는 형국(形局)이었다.

2. 사상 부조화의 원인

-국가 지상주의로, 국가번영, 국가에 충성, 주권자에 복종 요구.
-로마인 제국의 영구성 믿음, 그리스도인 비영구성 믿음.
-각 단위 통치권은 가장(家長)에 있었다. 만일, 이교도가 가장이면 그리스도인은 종교가 다른 가장의 통치를 인정하지 않았다.

3. 사회생활의 부조화 원인

-로마인 오락, 사치, 향락 당연시함, 그리스도인은 세속적인 오락과 사치에서 비롯되는 타락을 죄로 여기는 것은 당연한 일이었다.

-그리스도인들 이교도와 융화되지 못했다. 이러한 현상을 보면서 사회, 정부를 분해, 개조하려는 행위로 여기게 되었다.

4. 로마 정책의 부조화 원인[107]

-황제 숭배 강요-국가통일성 위해 강요, 그리스도인 다른 신 반대 및 이방 종교를 인정히지 않았다.

-비밀단체 불인정-국가에 등록되지 않은 단체를 비밀단체로 규정, 정치적 야심을 가지고 정부 전복 음해로 몰아붙였다.

-초대교회 그리스도인은 국강에 대한 군대 복무를 하지 않아서 박해가 더욱 심했다.

iv. 박해의 방법

1. 교회당과 성경, 기독교 기물을 파괴

초대 교회 등 기독교와 관련된 기관과 시설을 가차 없이 파괴하고 기독교인의 집, 학교, 등 기물까지 불태워 버리고 말았다.

2. 공무원 등 공직과 개인사업, 재산 몰수

---

107) 김의환 저 같은 책, pp.75-76.
　　　로마제국엔 비밀단체라고 불리는 클레기아(clegia)가 있었다. 처음에는 이런 단체들의 결사(結社)를 허락했지만 아우구스트 황제 때 클레기아를 모두 해산시켰다. 기독교가 몰래 집회를 갖거나 하므로 바로 이런 비빌단체 같은 오해를 받고 엄청난 정치적 박해를 받았다.

이미 공직에 종사하는 그리스도인을 해직(解職)시키고, 앞으로 공무원 등 공직에 근무하지 못하게 했다. 아니 거기거 그친 것이 아니라 아예 등용하지 못하게 제도적으로 막아놓았다. 그 외의 개인사업을 방해, 개인 재산까지도 로마 정부로 몰수하고 말았다.

3. 기독교를 사회와 단절시킴

기독교라는 종교를 사회조직과 완전하게 단절시켰다. 기독교가 사회를 종교적으로 해로운 영향력을 끼친다는 이유에서 이다. 고린도후서 6장 15절에 "그리스도와 벨리알이 어찌 조화되며 믿는 자가 믿지 않는 자가 어찌 상관하며"라고 하는 말씀같이, 이방인과 기독교는 그 이질감(異質感)이 깊어서 하나될 수 없는 속성이 있다.

이러한 원인 때문에 이방인들이 기독교를 반대하여 자신들의 조직과 기독교를 끊어내는 비정한 일을 자행했었다.

4. 폭력, 방화, 십자가 처형, 그리고 맹수와 격투시킴

그리스도인을 폭력하고 그들에게 관련된 모든 것을 방화(放火) 시켰다.

그리스도인을 화형(火刑) 시키거나, 십자가형에 처하며, 원형 경기장에서 굶주린 맹수와 피를 튀기고 살이 찢기고 뼈가 아스라지도록 격투를 시켰다. 기독교인이 짐승에게 사정없이 물어 찢기는 이런 모습들을 로마인들이 관람하면서 군중에게 극도의 흥분을 짜내어 광기를 불어 넣기도 했다. 초대 교회 성도들은 하나님을 믿는 신앙을 지키기 위해 자신의 금쪽같은 목숨을 초개같이 내어 놓곤 했다.

Table-10 로마 제국의 기독교에 대한 10대 박해

구분	로마 황제	이유	방법	발생 사태
1	네로 Nero(54-68)	그리스도인을 로마시 방화자로 모함(64년)	생일파티 촛불 대신 화재 일으킴	6일간 로마 시 전체 불길, 베드로, 바울 순교
2	도미시안 Domitian (81-96)	그리스도인 집회는 로마 안 국가 세우는 것으로 규정(95년)	그리스도인의 재산 몰수, 살상과 살해	카타콤 피신, 세금납부 거절, 기독교를 유대교 한 종파 오인 박해, 황제예배 거절 반역죄로
3	트라얀 Traian (97-117)	사회생활 부조화, 로마제국의 해로운 단체로 규정	황제의 상에 절 강요, 그리스도인 죄인 취급. 기독교집회 불허함	교부, 이그나티우스에게 맹수형을 가함
4	하드리안 Hadrian (117-138)	그리스도인을 까닭 없이 증오	기독교집회를 죄로 규정, 로마신에 헌신 강요	성묘에 여신단 세움, 호교론자 나옴, 그리스도인 수적증가,
5	마르쿠스 아우렐리우스 Marcus Aurelius (161-180)	스토아 철학 탐닉, 기독교 싫어 함, 질병 흉년 원인지목, 복음을 협오함	그리스도인 고문, 리용교회(남 가울지방), 베일교회에 심한 핍박	새롭게 박해-정보원 기독교인 색출, 폴리갑(서머나교회 감독), 져스틴 순교, 수천 수만 순교자 발생
6	셀티미우스 세베루스 Septimius Severus (205-211)	폭악, 무도하게 핍박, 유대교 기독교 함께 핍박	그리스도인을 공직에서 추방, 기독교입교 금지,	이레니우스(리용교회 감독), 오리겐 (알렉산드리아 감독)순교
7	막시미누스 Maximinus (235-286)	지진과 사고원인을 그리스도인에 전가	그리스인을 기름에 삶거나 화형에 처함	대 교구 감독 둘을 금광에 노예로 보냄
8	데시우스 Decius (240-251)	기독교 때문에 궁핍과 핍절해 진다고 원인 전가	전국적으로 그리스도인의 재산을 몰수, 극악무도한 악형	국가 신상에 절 요구, 그리스도인 분별하도록 로마, 예루살렘, 안디옥 감독 순교 ,사막피신 공동체 발생
9	바렐리안 Vaerian (253-260)	병과 흉년 발생은 신이 노한 것이다 그리스도에게 원인 돌림	그리스도인 재산을 몰수, 그리스도인의 예배금지	국가 재난 원인 그리스도인에 돌림, 교회 지도자 처벌, 키프리안 순교,
10	디오클레시안 Diocleletian (284-305)	부제 갈렐리우스의 참소로 인하여	교회당 파괴, 기독교 서적 불태움, 처형	교회당 파괴, 성 가다리우스 옥사

5. 성직자를 체포하고 투옥함

박해하는 로마인들은 초대 교회와 기독교 전 성직자를 체포하고 투옥을 감행했다. 거기서 그치지 않고 감옥 안에서 무자비한 고문과 살해보다 더한 폭력, 그리고 기본적 인권(人權)을 말살하는 것은 식은 죽 먹기식으로 자행했다. 마치 짐승을 말살하는 것은 아예 사치스러운 용어인 만큼 기독교 지도자들은 매우 처참하게 그렇게 마른 들풀처럼 불에 태워지듯 죽어 갔다.

6. 예배를 이방 제사 형식으로 강요함

기독교인이 행하는 예배를 이방신이 행하는 제사로 혼란시키기 위해 예배를 모든 세상 사람이 목도(目睹)하도록 했다. 그렇게 하는 이유는 로마의 이방 신들 앞에 예배형식을 이방의 제사형식으로 지내게 하므로 하나님 외에 잡다한 이방신을 하나님되게 유도한 것으로 볼 수밖에 없다.

7. 기독교를 부인하면 죄를 사면해 줌

자신이 믿는 기독교를 부인하면 그에게 과거의 죄를 사면해 주는 조건을 내세워 기독교를 떠나게 했다. 이것은 성경의 진리를 왜곡시켜서 꼭 기독교에만 영생과 구원이 있는 것이 아니라는 점을 호도(糊塗)하는 것이었다. 오히려 기독교를 부정하고 떠나면 지금 자신의 삶터에서 죄를 범하고 해결하지 못 했던 약점을 이용하여 기독교를 박멸하기 위한 것이었다.

Table-11   기독교 역사성 컬럼

복음 선교의 진로
A Way of Evangelism

지독하게 타락되어 병들어 신음하는 세상을 한번 고쳐 보려고 애쓴 사람들이 있는데, 그들 모두는 생명의 복음을 들고 금쪽같은 목숨을 초개같이 내던지며 전 생애를 걸었었다. 기독 교회사는 이들의 일거수일투족인 행전(行傳)을 기록한 역사 이기도 하다.

바울을 통해 로마 제국에 복음이 스며들었고, 리빙스턴을 통해 아프리카에 복음이 임했다. 허드슨 테일러는 중국 내륙에 복음을 들고 오지를 개간했다. 성 다미엔은 모로카이 섬의 무지한 문둥이들에게 복음을 들려줬으며, 도마는 복음을 들고 머나먼 인도의 거대한 땅을 찾아가 뿌렸다.

웨슬레는 성령충만의 능력으로 타락되어가는 18세기 영국, 신사 나라를 영적으로 건졌으며, 죤 낙스는 자신이 태어난 조국, 스콧틀랜드를 영적인 나라로 우뚝 서게 했다.
마틴 루터는 중세의 썩고 문드러진 교황권의 압력에 도전하여, 침몰해 가는 기독교를 '종교개혁'으로 새롭게 했다.
그리고 존 칼빈은 '오직 하나님 앞에서!' '성경으로 돌아가자!'고 외치며, 종교개혁을 완성시켰다.

토마스 선교사는 쇄국 정치의 문빗장을 굳게 걸어 잠궜던 조선 대동강 변에서 성경을 뿌리며 죽어갔다.
알렌과 언더우드, 아펜젤라는 복음의 기수가 되어 동방의 조선시대 초기 선교를 감당했다.

8. 기독교 교리가 이단적인이라고 퍼트림

문서적으로 박해하는 방법으로서 로마 정권이 주로 이요하던 방법 중 하나가 기독교 교리를 이단적인 요소가 있다고 문서를 제작하여 퍼트리고 기독교의 확장을 방해했다.

v. 10대 박해

역사적으로 지구상에서 가장 비열하고 인간의 기본적인 인권을 유린하면서 박해했던 일이 로마제국이 이스라엘(팔레스틴)을 정복하고 기독교인들에게 처절하고 악랄하게 가했던 10대 박해라고 말하고 있다.

1. 가장 가혹한 박해

　-로마 정부가 교회의 박해 중 가장 두드러지게 혹심했던 박해는 10대의 황제에 걸쳐 자행(自行)되었던 것을 말한다.108)

　-년 대별로는 네로 황제 때, 64년(AD 54-68)에 일어나기 시작하여 디오클레시안(AD 284-305) 황제까지 발생했다.

　-이렇게 로마의 10대 황제에 걸쳐서 그 당시 로마가 세계를 지배했으며 점령지역의 기독교를 박해했는데, Table-5(로마제국이 기독교에 대한 10대 박해)를 참고하면 그 비극적인 참상을 어느 정도는 짐작할 것으로 사료도기에 충분하리라 본다.

---

108) 김의환 저, 같은 책, pp.76-79.

2. 신앙 자유령-주후 311년

-갈레리오스 황제 치하 311년에 [신앙 자유령](Religious Freedom)을 내렸다. 이 자유령은 길고도 멀었던 신앙박해 기간 끝에 내려진 법적 조치다.

-무려 240여 년간 기독교의 박해가 너무나 혹독하게 이어졌었다. 단지 그 이유는 예수 그리스도의 복음이 싫다는 명목하에 얼마나 많은 생명들이 이 땅 위에서 무참하게 죽어갔는가?

-그들이 무고하게 흘린 피의 호소는 그대로 무심하게 땅에 스며들지 않았다. 순교자들의 피는 하늘 보좌를 붉게 물들이고도 남았으리라 충분히 짐작이 가는 일이 아니고 무엇이겠는가?

-이미 순교자의 피의 호소가 하늘 보좌에 상달되어 그 밑거름으로 전 세계 오대양육대주는 예수 그리스도의 피 묻은 복음으로 붉게 물들여지고도 남는 영적인 역사가 충만했다.

3. 밀라노 칙령-주후(AD) 313년[109]

-엄청난 선포가 주후 313년 3월에 있었다.

-당시 천하를 손에 쥐고 흔들던 콘스탄틴 대제에 의하여 '밀라노 칙령'(Edict of Milan)이 반포된 것이다.

---

109) 313년 2월 로마제국을 동서로 나누어 통치하던 콘스탄티누스 1세와 리키니우스가 밀라노에서 공동으로 발표한 칙령(勅令)으로 그리스도교 신앙의 자유와 빼앗은 교회 재산의 반환 등을 밝혔다.
313년 2월 로마제국의 공동 황제인 콘스탄티누스 1세(Constantinus I, 280?~337)와 리키니우스(Licinius, 270?~325)가 메디오라눔(Mediolanum, 지금의 Milano)에서 공동으로 발표한 칙령(勅令)이다. 모든 사람들에게 그리스도교를 포함해 자신이 원하는 종교를 따를 수 있는 자유를 보장하여, 로마제국에서 그리스도교가 보호되고 장려되는 계기가 되었다[네이버 지식백과-밀라노 칙령](두산백과).

4. 신앙에 대한 관용

-기독교 신앙에 대한 완전한 관용을 베풀고 몰수되었던 모든 예배 처소와 소실을 교회에게 완전히 되돌려 주었다.

-오히려 기독교를 죽도록 싫어하는 이교도(異敎徒)와 세속 사람들(worldly people), 그 장본인들에 의해 신앙에 대한 관용을 베풀게 된 것이다. 이런 아이러니한 결과를 어떻게 설명할 수 있을까? 역사를 친히 간섭하시는 하나님의 오묘하심에 다시 한번 감탄하면서 감사드릴 수밖에 없는 이유이다.

5. 로마 황제에게 박해받던 기독교가 로마 국교로 공인됨

로마에게 200여 년 동안 혹독하게 핍박을 당했던 기독교가 나중 그 로마 제국의 국가의 종교로 거듭날 수 있었던 엄연한 역사적인 사실을 기억해 본다.

-로마가 얼마나 기독교를 싫어했으면 250년 간이나 핍박했을까? 하는 의아심이 들 정도이다.

-기독교에 대한 혐오감(嫌惡感)이 극도로 치달았던 상황 속에서 로마는 자신들의 국가의 종교로 선언하게 이르고 만다. 한때 세계를 정복하면서 세계 역사를 자신들의 의중대로 할 수 있다는 것을 보여 줬으나 그것은 이내 2세기 반 만에 꺾이고 말았다.110)

---

110) 기독교를 로마의 국교로 선포한다는 것, 이 얼마나 한 역사의 영역 안에서 발생하는 아이러니한 일인가? 정말, 사람은 단 한 치의 미래적인 일을 주먹을 쥐면서 장담할

vi. 박해의 결과

필설(筆舌)로 다 형언할 수 없었던 모질고 길었던 박해는 교회를 겉으로 흩어지게 했으나 속으로는 순수한 교회로 키워준 셈이 되었다. 터툴리안의 말대로 '순교자의 피는 교회의 씨'(The blood of the martyrs is the seed of the church)가 된 것이다. 그리스도인들의 피 뿌리고 금쪽같은 목숨을 포기하는 순교의 결과는 감히 예상하지 못한 엄청난 결과를 가져오게 되었다.111)

1. 세상의 구세주

로마 제국의 박해로 예수 그리스도는 세상의 구주이시며, 하나님 아들이심을 만 천하에 증거하게 되었다.

2. 세계 곳곳에 흩어짐

로마 제국의 박해를 통해 기독교인들을 로마 제국을 중시하여 먼 이방지역으로까지 퍼뜨리는 결과를 가져오게 되었다.

3. 성경의 정경 확정

로마 제국의 박해는 기독인의 말씀에 의지하는 신앙의 발전으로 신약을

수 없는 일이다.
111) 김의환 저, 기독교회사, 김의환 전집 Vol. 1, 서울:총신대학출판부, 1998, pp.75-76.

정경(Canon)으로 형성하는 데 촉진하는 결과를 가져왔다.

4. 기독교 진리의 공포

-그리스도의 복음과 기독교 진리를 세계에 알리며 확산하게 되었다.
-그리스도의 복음이라 함은 예수님께서 인류의 죄를 대신하여 십자가 지시고 피 흘려 대속하신 것에서 비롯한 진리를 말한다.
-기독교 진리는 그리스도 복음과 같은 의미이지만 굳이 좀 더 구체화 시키면, 예수 믿으면 구원을 얻고 새로운 생명(예수 믿은 후 얻은)으로 천국에 이르러 예수님의 약속대로 영원한 하나님 백성으로 살게 된다는 진리를 말한다.

5. 기독교의 교리적 변증과 사상 체계화

기독교의 핍박과 공격은 기독교에 대한 몰이해의 태도 때문이었다. 이를 계기로 기독교는 자체적인 교리 정립을 필요하다는 것을 깨닫게 되어 교리적으로 변증할 수 있는 사상적인 체계 세우게 되었다.

6. 순교로 생명의 종교 부상

-사도, 교부들의 생명은 직간접적으로 순교와 관계가 있다고 성경과 기독교 역사는 증어해 준다.
-그러므로 기독교 진리를 위한 순교의 피는 아무런 가치가 없는 것이 아니라 오히려 기독교가 생명의 종교로 부상하는 긍정적인 결과를 가져 오게 되었다.

7. 정치 종교의 구분

　-초대교회는 지상 교회와 지상 국가의 구별을 명확하게 했다.

　-기독교회는 오해로부터 발생했던 박해를 당해 그 오해를 해소시키기 위하여 변증의 노력을 게을리 하지 않았다.

　-실로 313년 '밀라노 칙령'은 예수 그리스도의 예언적인 말씀으로서 살아있는 증거와 하나님께서 역사를 매우 깊게 그리고 오묘하게 이끌어 가신다는 메시지이기도 한 것이다(As the prophetic words of Jesus Christ, It is a living evidence and a message that guides the deep and mysterious providence of God).

　　"음부의 권세가 교회를 이기지 못하리라"(마16:18).

이단의 발생과 사상적 도전

Occurence and Against of Cult

Chapter-11

이단의 발생과 사상적 도전
Occurence and Against of Cult

i. 이단의 발호

1. 이단의 정의

'이단'(cult)은 기독교 사상 같으면서도 교리적으로 완전히 다른, 기독교에 대한 반대 사상을 말한다. 이단사상은 이방 종교 사상과 혼합되었든지 혹은 세속적인 철학사상이 가미되어 있어서 그것은 더이상 순수한 종교가 아니라 종교적인 진리의 허울로 가장(假將)하여 사람들을 헛된 곳으로 미혹하는 속성을 지니고 있다.

2. 이단의 교리 특징

이단의 교리는 기독교적인 분위기 같으면서도 결정적인 교리에서는 완전히 이질적이고 성경적인 사상에서는 완전히 다른 사상을 나타내는 것이 그 특징이라고 할 수 있다.

3. 한국의 이단 상황

-한국의 이단이란?

먼저, 한국에서의 이단 상황은 별다른 것 같이 생각이 된다. 왜냐하면, 조상때부터 종교심이 강한 민족이므로 무슨 신이라도 섬겨야 직성이 풀리는 데서 온다.

A. 구원에 관련된 가장 핵심적인 교리가 다르다

-통일교(교주 문선명). 여호와의증인. 신천지(교주 이만희), 몰몬교. 안식교. 지방교. 안상홍증인회. JMS(교주 박명석). 구원파(교주 박옥수), 성락교회(교주 김기동), 다락방(교주 유광수), 하나님의 교회 등

B. 성경 외에 다른 경전을 신봉한다.

-통일교(원리강론), 몰몬교(몰몬경) 등

C. 예수님 신성 또는 인성 부인한다.

D. 교주인 자신을 하나님 또는 '재림 예수다.'라고 주장한다.

-교주인 자신을 통하여 구원을 받고 영생을 얻을 수 있다는 교리를 나름대로 세워 현혹한다.

E. 행위적인 구원관을 내세워 기독교와 차별화를 주장한다.

-행위 구원을 주장한다(안식교 채식). 안상홍증인회(안식일, 유월절 지켜 구원) 역시 행위를 강조하고 믿음을 등한시하는 구원관을 주장한다.

ii. 유대교적 이단(역사적 성찰)

1. 에비온 파(Ebionnites)

에비온 파는 '가난한 자'라는 의미를 지닌 히브리어에서 유래한 이단 집단이다.

A. 지역

에비온 파가 태동하며 활동했던 지역은 당시의 수리아(지금, 시리아)와 유대 땅 요단강 서편에 거주했었다.

B. 교리

-사도 바울의 교리를 배척했다(마태복음만 사용한 듯함).

-율법 고수 : 할례 행함/안식일 고집/금식/율법을 문자적으로 해석하는 집단이다.

C. 기독론

-그리스도의 인성(人性)만 인정, 그리스도의 신성(神性)은 부인했다(동정녀 탄생 설 부인).

-예수가 세례 받을 때 하나님의 아들로 양자(adoptionism)되었다고 주장했다.

-십자가 달리실 때 양자적인 요소는 사라지고 단순한 인간 예수로 죽었다고 주장했다.

2. 엘 케사이 파(El kesaites)

엘 케사이 파, 이 집단의 이름은 '숨겨진 힘'이라는 뜻을 지녔다. 그 이름에 걸맞게 이단 집단치고 그 당시에 지역과 주변에 꽤 숨어있는 저력을 가지고 순수한 사람들을 미혹을 주고 혼란을 가중시켜 주었다.

A. 종교관

-유대교, 기독교, 이방 사상을 혼합시켜 세운 종교이므로 누구에게나 무난한 종교사상은 분명하다.

-실상은 이 이단파에 현혹되어 빠지면 너무 혼란스러운 그들의 교리라서 종교적인 심성에 집중할 수 없는 약점이 있다.

-그들은 종교적으로는 별반 감화를 끼치지 못해서 그런지 요즘 용어로 표현해 보면, 퍼포먼스를 가미하여 종교적 행위를 감행했었다.

B. 교주

-이 파의 교주는 엘 카이(El Kai)라는 인물이다.
-엘 가이는 2세기 초 철학괴 점성학을 배우고 기독교까지 탐닉했던 사람이다.

C. 교리

-율법을 인정하고 모세 율법은 따르나 제사는 드리지 않는다.
-유대교의 할례와 안식일 지키고 금식한다.

D. 기독론

-예수는 천사였으나, 앞으로도 다시 육신을 입는다고 주장한다.
-아담이 예수의 육신을 입어 사람이 되었다고 주장한다.

iii. 이방 종교적 이단

1. 영지주의(Gnosticism)

A. 이름의 뜻

-'영지주의'라는 그노시스 파는 헬라어의 'Υνωσίς'(지식, Gnosis)에서 나온 것이다. 이 지식은 신비적 초자연 지식을 말하며 일반적인 지식을 말하는 것이 아니다.

B. 창시자

-영지주의자들은 시몬(사도행전의 마술사) 그를 따르던 여(女) 제자 헬레나를 여신(女神)으로 내세우고 있다.

C. 종교관

-점성술, 마술, 철학, 페르시아의 이원적 우주론의 혼합체에 기독교 교리를 혼합하여 종교철학을 구성하는 이단사상을 말한다.

D. 신관

-신앙을 경시(輕視)하고 사색을 중시(重視)한다.
-하나님을 최고 존재로 인정하며, 현존세계의 모순을 지적한다
-비기독교적으로 흐르는 잘못된 진리로 흐르고 있다.
-유대인이 믿는 하나님은 천사들 중 하나인 존재이다.
-하나님이 창조한 우주에 왜 죄와 재난이 있는가?
-천사장, 천사들, 권세자, 주관자는 하나님이 만든다.
-우주는 하급 신(일급 천사)이 창조한 것이므로 불완전한 죄가 존재할 수가 있다고 주장한다.

a. 이원론(二元論)

-물질계와 영계를 존재로 구분, 물질을 죄악시함.

-하나님의 창조 부인함.

-하나님은 영계 다스림, 데미우르고스는 물질계 다스림.

b. 가현설(Docetism, 기독론)

-예수는 가짜 육체를 입고 오는 '가현설'(Docetism이라고 힌다.112)

-예수 그리스도는 최고 아이온(Aeon)이라고 한다.

-예수의 육체적 고난을 믿지 않고, 실재적 부활 등을 부인하면서 천국을 인정하지 않는다.

-구원은 예수 그리스도의 빛을 받으며 금욕(禁慾)하면 얻을 수 있다고 믿는 집단이다.

-속죄는 지식을 통해 완수한다. 결혼, 육식은 금물이다.

c. 유출설(流出說)

-최고 존재인 신으로부터 유출된 '아이온'113)이 10개가 유출됐다고 자신들의 논리를 내세운다.

-아이온 중에서 가장 타락한 존재가 데미우르고스이며 그로 인하여 물질세계가 만들어진다고 믿는다.

d. 반 유대주의

-유대인의 하나님과 신약의 하나님과 다르다고 주장한다.

-구약에서 유대교적 요소를 거절하고 금욕과 방랑 생활을 인정하면

---

112) 가현설(假現說,)은 예수의 형체만 인정하되 실제를 부정한다.
113) 아이온(Aeon, 영원히 존재하는 자)라는 뜻이다. 최고 존재는 신으로 인정한다.

서 그런 방향으로 추구하는 삶을 지향하고 있다.

e. 영지주의(靈知主義)
-구원은 지식을 통해 얻는 것이며, 믿음으로 얻는 것이 아니라고 주장한다.
-지식을 통해 물질의 속박에서 벗어나 하나님 세계로 돌아간다고 한다.

2. 말시온 파(Marcionism)

A. 창시자

-말시온(Marcion)은 소아시아 본도(Pontus)에서 출생했다.
-140년경 로마교회에 가입했으나 그의 이단적 주장으로 배척되었다. 그후 새로운 종파 운동을 시작했다.

B. 사상

-그노시스주의 사상적인 영향을 강하게 입었다.
-물질을 죄악시하며, 데미우르고스의 물질세계를 조성해 갔다.
-금욕주의를 주장하며 육체를 경시하거나 죄악 시 했다.
-사도 바울을 최고로 존경했다-사도 바울을 믿음으로 구원 얻음을 인정했다.
-그리스도인은 율법을 떠나서 복음만 주장했다. 율법을 인정하지 않았고 아울러 철학을 무시했다.

C. 성경관

-기독교 진리를 구약과 신약의 대립으로 이해했다.

-복음의 본래의 뜻에 정반대 사상이 형성되었다.

-구약의 권위를 인정하지 않았다.

-바울 서신 10편과 누가복음 만 정경(政經)으로 인정했다.

-예수의 탄생기사, 족보, 세례 요한의 생애를 인정하시 않았다.

D. 기독론

-그리스도에 대하여 영적(靈的)인 것으로만 인정하고 양성 중 인성 쪽은 인정하지 않았다.

E. 구원론[114]

-그리스도인의 구원은 전인적(全人的)인 것을 부정했다.

-죽은 자들은 부활을 통해 구원 얻는 것을 부인했다.

-오직 영적인 구원만 인정한 나머지 구원 문제만 관심을 가졌다는 것이 편파적인 구원론의 약점이다.

-우주의 발전과 악의 기원을 무시했다.

3. 모나키안 파(Monarchianism)

---

[114] 이들의 구원론은 영적인 구원만 인정하고, 부활을 부인하는 대신 세상에서의 육체적 구원문제는 관심을 깊게 가졌다.

-당시 분위기는 그리스도의 신성과 인성에 대한 조직적인 신학 체계를 미처 갖추지 못한 초대교회에 그리스도에 대한 이론들 일어나기 시작했다.

-하나님께서 그리스도 안에 머물고 있다고 믿는 경향과 영원 전부터 하나님으로 존재한다고 믿는 경향이 있었다.

-저스틴은 예수께서 세례를 받으신 일과 세상에 오시기 전부터 계시는 하나님으로서 예수에 대한 관계문제를 주장했다.

-2세기에 그리스도론으로 인한 삼위일체 교리가 발달하게 되었다.

-삼위일체에 반대하는 이론으로 모니키안 주의가 나타났다.

나중 '다이나믹 모니키안 주의'와 '양태적 모니키안 주의'로 갈라졌다.

A. 다이나믹 모니키안 주의(Dynamic Monachianism)

a. 데오도투스(Theodotus)

-이 이론을 주장한 대표적 인물은 비잔티움 출신이다.

-190년경 로마로 이전 자신의 주장을 주장하면서 전파했다.

-하나님은 한 분이며, 그리스도는 인간으로만 계신다고 믿는다.

-그리스도 안에 하나님의 능력이 다이나믹하게 머물러 계신다고 주장하면서 그리스도는 그 능력이 머물 때 역사한다고 주장한다.

-예수(아기)를 마리아가 처녀인 신체적 조건으로 탄생함을 믿는다.

-예수가 세례를 받을 때까지는 다만 인간에 불과했다고 한다.

-세례받을 때 성령이 그에게 임하여 신의 속성으로 변했다고 한다.

-이렇게 주장하는 설은 '양자설'(Adoptionism)이라고 한다.

b. 사모사타의 바울(Paul of Samosata)

-사모사타의 바울은 주후 260년 유브라데스 강변에 위치한 안디옥

에서 감독이 되었다.

　-이곳은 당시 로마에 속국이 되지 않았고 팔미라(Palmyra) 왕국에 속한 곳이었다.

　-주후 269년 사모사타의 바울은 자신의 신학입장 때문에 지방 총회로부터 파면을 당했다.

　-사모사타의 바울의 사상은 메소포타미아, 아르메니아 지방까지 널리 전파되었다.

　-데오토스와 같이 하나님은 단일인격(Unipersonality)이라 주장했다.

　-그는 삼위일체를 부인했다.

　-로고스는 하나님의 지혜와 기능(技能)적일 뿐 제2의 인격이 아니라고 주장했다.115)

　-그리스도가 세례받을 때 로고스가 임하며 그때 하나님 능력을 소유하여 구주가 된다고 했다.

B. 양태적(樣態的) 모니키안 주의

　a. 프락세스(Praxeas)
　-소아시아의 교회 지도자이며, 195년경 로마 방문했다.
　-몬타너스파를 반대할 것을 주장했다.
　-카르타고에서 터툴리안과 신학적 논쟁했다. 터툴리안은 그를 가리켜 "성령을 추방하며 성자를 십자가에 못 박는 사람이다"라고 했다.116)

---

115) 단지 로고스는 예수 그리스도 머리 위에 비상하게 머물러 역사 한다. 예수 그리스도는 성령에 의해 동정녀 탄생됐다고 믿었다. 예수의 세례시에 로고스 임한다고 주장했다.
116) 교부 터툴리안은 이단자 프락세스를 단호하게 비평했다. 프락시스가 주장하는 삼위일체는 기독교 정통적 삼위일체론과 완전히 다른 이단적인 것이었기 때문이다.

188

-하나의 신격(神格)이 각각 다른 상태로 모양을 나타낸다고 한다.

-프락세스의 주장은 정통 기독교 삼위일체론과 완전히 다른 주장이다.

b. 사벨리우스(Sabellius)

-사벨리우스는 북아프리카 리비아 출신으로서, 3세기 초 로마에서 신학적인 활동을 했던 기록이 있다.

-그는 하나님의 신격(神格)은 아버지와 아들과 성령을 초월하여 배후에 항상 존재하신 것으로 본다.[117]

-배후에 조정하는 하나님을 모노스(Monos)[118] 라고 불렀다.

-창조와 구원역사가 끝나면 원래의 모노스로 다시 환원한다고 주장하기도 했다.

-주후 258년 로마 교회에서 사벨리우스를 정죄했다.

-그는 삼위 하나님을 부인했다. 그리고 예수 그리스도의 인격(인성)을 인정하지 않았다.

iv. 교회의 분파 운동

2세기 후반에 서방교회는 점차 세속적(世俗的)인 현상을 보이며 영적인 분위기에 먹구름이 끼기 시작했다고 볼 수 있다. 세속성을 나타내면서 서방 로마교회는 거룩성과 점차적으로 멀어지기 시작했다. 그러므로 예배 형식

---

117) 사벨리우스는 프락세스의 삼위일체론을 발전시킨 이론이며 역시 기독교 정통적 삼위일체론에서 점점 멀어져 가는 것이다.

118) 사벨리우스가 내세우는 '모노스'는 하나님은 창조자이며, 입법자인 아버지로 나타나며, 하나님이 죄인을 구원할 때 구세주 아들로 나타나고, 섭리하고 이행하는 성령으로 나타난다고 주장했다.

을 거룩하게 드리기 보다는 교회당 안에 장식하는 형상과 사진들을 더 중요시 여기기 시작했다.

기독교에 대하여 박해가 완전히 사라지지 않았지만 서방 교회는 예배의 형식화와 경건 생활에서의 메마름을 나타내기 시작했다. 이러한 영적인 무미건조한 틈을 타서 교회 안에서 분파(分派) 운동이 생기기 시작했다.[119]

1. 몬타너스 파(Montanus)

A. 기원

　-주후 156년 프르지아(부르기아)의 출신이었던 몬타너스에 의해 시작되었다. 이에 동조한 일행들(몬타노스파)은 약 AD 150경에 살았으며 새로이 거듭났으면 새로운 침례를 받아야 한다고 주장했다.

B. 교리

　-몬타너스 파의 교리는 로마 가톨릭 교회와 일치했다.
　-그런 그들의 성경관에서 성경은 전부 정경으로 간주했다.
　-사도적 은사
　계시가 사도시대에 종료되지 않고, 사도적 계시의 계속성을 주장했다. 그리고 예언의 은사를 강조했다.

---

119) 김의환, 같은 책 p.91.

-금욕주의-박해 시는 순교를, 평화 시는 금욕을 성도의 미덕(美德)으로 실천했다. 성경의 계명보다 금식과 고행을 강조하며, 생활에서 죄로 오염된 삶을 회개하는 세척(洗滌)을 준수하게 했다. 신앙보다 지식을 강조하는 사상을 반대했다(그노시스의 반대).

-말세 사상 강조

천년 왕국설을 예언했다. 세상과 신앙을 엄격히 구분했다. 세상을 부정하거나 소홀히 여겼다. 지상교회에서 예수님이 직접 다스리는 천년 왕국설 주장했다. 그러나 몬타너스 파(Montanus) 등으로 인하여 교회는 갈수록 교리적 혼동의 시대를 겪을 수밖에 없었다.

2. 노바티안 파(Novatians)

A. 분파된 원인

-디시우스황제 시대(249-251)에 박해로 교회의 변절자가 많았는데 이들이 다시 교회로 들어오려 할 때 어떻게 처리하느냐로 의견이 관용론과 과벌론으로 서로 다른 주장을 하다가 갈라진 것이다.

-로마교회의 동방 및 서방 감독들과 대부분의 지도자들은 관대히 대했다.

-과벌론자인 노바티안은 엄중히 문책할 것을 요구했다, 그리고 새 분파 운동 일으켜 나갔다.

-로마 가톨릭교회의 감독들은 여러 차례 회합하고 노바티아누스를 교회에서 파면시켰다.

-교회에서 배신했던 변절자들을 회개시키고 받아들였다.

B. 노바티안 파의 주장

　-신앙의 조건을 배반하고 교회의 법을 위반한 범죄자를 교회에서 받아들일 수 없다고 결정했다(우상숭배, 살인, 음란 등까지).120)

3. 도나티스 파(Donatist)

A. 파생 원인과 주장

　-로마 디오클레시안 황제의 박해가 끝날 무렵 일어난 분파이다.
　-이 파는 박해 시 성경을 버린 자를 용서할 수 없다는 자신들의 교리적 입장에서 강경론을 취한 자들이다.
　-범죄한 자가 속해있는 교회나 그들을 허용하는 교회를 하나님 이 떠났음을 간주하여 그런 교회의 제명을 요구했다.
　-범죄한 교사에게 받은 세례는 무효라고 주장하여 다시 세례를 받을 것을 요구했다.

B. 분파 과정

　-북아프리카 카르타고에서는 두 분파로 분열하여, 각 분파 간에 서로의 감독을 세우므로 두 감독이 있었다.

---

120) 노바티안 파의 결정은 철저하게 구약의 율법주의 사상에서 벗어나지 못한 것이다. 예수님의 십자가 대속으로 그 공로로 인하여 어떠한 범죄라도 온전한 회개를 거치면 반드시 용서하고 하나님의 자녀되는 것의 사죄의 은총을 허락하신 것을 잊어서는 또 한번 예수님을 십자가에 못 박는 것이다.

-콘스탄티누스 대제는 이들을 처음에 이단으로 규정했으나 주후 313
년에 관용론을 베풀었다. 그후 330년에는 270명이 감독이 이 파에 속하
게 되었다.

교부 신학 사상

The Thought of Patristic Theology

Chapter-12

교부 신학 사상

The Thought of Patristic Theology

ⅰ. 교부의 정의

초대 교회 시대에서 '교부'라고 하는 것은 먼저 나름대로의 기준에 의해 결정되는 것이다.

'교부'(敎父, Fathers)는 라틴어 'patres'에서 유래했다. 교부라 함에 있어 나름대로 기준이 있다. 초대 교회의 사도들의 뒤를 이은 교회 지도자들을 교부라고 불렀다. 교부 신학이란, 즉 초기 기독교의 스승들과 저자들의 신학으로서 그들의 개인적인 저작에서부터 교회 의식과 종교회의의 정의와 같은 공동의 형태로도 표현되었다.

1. 사도들의 직계 제자

-예수 그리스도의 직계 제자는 사도라고 한다. 그들은 예수의 믿음과 사상을 그대로 전수받았으며, 주님의 사역을 계승하여 이 땅 위에서 하나님 나라인 그분의 나라를 세우는 것이다.

-바로 그들과 같이 사도들을 이어받아 믿음과 사상, 그리고 사역을 이어 가는 제자들이 바로 그들이다.

2. 사도적 교리의 정통성을 지닌 자

-사도들의 교리는 예수 그리스도의 교훈과 말씀에서 근거하는 것으로서 그 가르침의 진리대로 교리를 세워 사도의 정통성을 지켜갔다.

-교부들도 주님의 교훈과 말씀을 받았던 사도들의 교리의 정통성에 근거하고 있다.

-교리적으로 역사적으로 혼란한 시대에 교부들의 교리는 예수 그리스도의 교리에 근거하고 있었다.

3. 교회 발전과 큰 공헌을 끼친 인물

-예수님이 선포하신 하나님 나라는 아직 이르지 않았다.

-이미 주님께 신앙을 고백하고 십자가 밑에 모인 공동체 속에 그리고 그들의 마음 속에 하나님 나라가 도래해 있었다.

-교부들은 하나님의 공동체인 지상 교회에 엄청난 공헌을 끼쳤다는 것을 인정하는 것이다.

-교부들은 자신들의 목숨까지 담보로 한 교리수호와 진리에 대한 투쟁이 없었던들 어떻게 하나님의 공동체가 사탄이 주도하는 세상 나라 가운데 버젓이 설 수 있었겠는가? 물론 주님께서 붙들고 계시지만 주님께서 교부라는 사람을 통해 역사하는 것이다.

ii. 교부의 구분

혼란한 초대 교회 시대에서 교부의 구분은 교회사 연구에 명확한 입장을 갖게 한다. 교부의 활동에 따라 그 구분이 정립되기도 하지만, 교부들의 기독교 진리의 변증적인 입장에서 교회의 교리수호는 교회가 지상에서는 가장 기초적인 역할을 하게 되었다.

우선 대략 4가지로 구분하면서 교부들의 역할을 연구하는 것이 좋을 듯하다.

1. 속(續)사도 교부(Apostolic Fathers)
2. 변증 교부(Apologists)
3. 헬라 교부(Greek Fathers)
4. 라틴 교부(Latin Fathers)

iii. 속(續)사도 교부(Apostolic Fathers)

속칭 '속사도 교부' 혹은 '후사도 교부'(後使徒敎父)라고 하며, 사도들에게 사사 내지는 사역에 대한 계승이 있었다. 그러나 사도들과 접촉이 없었더

라도 사도시대를 곧 바로 뒤이어 교회 전통을 이어간 인물들이 교부라고
할 수 있다.

1. 이름과 저서가 같이 전해오는 교부

A. 클레멘트(Clement of Rome:92-101)

a. 시 대
-소개되는 클레멘트는 1세기 말 사도 요한이 밧모 섬에 귀향 때, 로
마의 유명한 장로였다.

b. 활 동121)
-알렉산드리아의 교회는 유명한 교부들을 배출해 냈다. 이 지도자들
은 '교리문답학교'(Catechetical School)를 설립하고 신학은 물론 철학, 문법
(수사학), 문학, 수학, 과학 등을 가르쳤다. 판타이누스, 클레멘트, 오리겐
등이 수업했다.
-클레멘트는 주후 190년 경에 '교리문답학교'의 교장이 되어 분주한
활동을 했다.
-그는 나중 202년 혹심한 박해를 받아 알렉산드리아에서 추방당했
다.

c. 신 학
-그의 신학적 경향은 바울적이며, 이신득의(以信得意) 사상이 분명한

---

121) A.M. Renwick & A.M. Harman, The Story of The Church, London:IVP,1958,
    pp.42-42.

성경적 진리에 근거했다.

   d. 저 서
   -제1서신 : 고린도 교회에 보내는 편지(4/1 인용, 성도생활 권면, 부활확신,
교회 중직자 선거 조심, 사랑 강조 등)
   -제2서신 : 설교(2세기 후반에 발견, 타인의 필적)

B. 이그나티우스(Ignatius)

   a. 시 대
   -이그나티우스는 로마황제 트라얀의 박해가 극심할 때, 안디옥교회
감독으로 활동하던 교부였다.
   -그는 감독의 사명을 감당하다가 로마 원형 경기장에서 맹수의 밥이
되어 순교했다.

   b. 사 상
   -그는 교회의 통일을 주장하며 그 사역에 치중했다.
   -그는 교회의 감독으로서 진리의 권위와 인격의 품위를 지키려 노력
했다.
   -교회의 이단을 경계하며 진리 수호에 최선을 다했다.
   -하나님의 교회를 위한 순교자의 영광을 부르짖었다.

   c. 저 서 : 체포되어 로마로 호송 도중 7통의 서신을 집필했다.
   -에베소, 마그네시아(Magnesia), 트라리아, 로마인에게 등은 서머나에
서 집필.

-빌라델피아, 서머나 교회에, 폴리캅에게 드로아에서 집필.

C. 폴리캅(Polycarp)

a. 시 대
-폴리캅은 서머나 교회에서 감독으로 사역하면서 사랑의 감독으로 존경받았다.

-그는 사도 요한의 제자이며, 교부 이그나티우스의 절친한 친구로 지내며 교리적인 변증을 다하던 사람이다.

-그는 AD 155년에 처절하게 순교한 인물이다,

b. 사 상
-그는 기독교 이단에 단호하게 대처하여 바른 신앙과 믿음을 수호했다.

-그는 박해를 가하는 장본인들을 위하여 기도하는 숭고한 신앙 인격자였다.

c. 저 서 : 빌립보에 보내는 서신이 알려졌다.[122]
-이그나티우스에 대한 신앙과 그 인격을 칭찬했다.

-바울 서신, 요한 1서, 베드로서를 인용하여 저술했다.

---

[122] 김의환 저, 기독교회사, 같은 책, pp.100-110.
빌립보에 보낸 폴리캅의 서신은 14장으로 나누어 쓰여졌고 1633년 활자로 옮겨 출판되었다. 사도 요한 시대의 마지막 증인에 의해 쓰여진 편지 중 오직 현존하는 유일한 편지이다.

D. 파피아스(Papias)

a. 시 대
-브루기아 감독으로 A.D.150년에 모진 박해 끝에 순교를 당했다.
b. 사 상
-파피아스 역시 사도 요한의 제자로서 폴리갑과 함께 그의 사상을 계승했다.

c. 저 서 : 주의 가르침을 설명하는 저술을 5권 남겼다.
-사도와 사도의 제자에게 듣고 본 바를 기록.
-유세비우스 교회사 속에 인용된 단편이 있음.
-2세기의 교회가 천년왕국을 믿고 있다는 것.

2. 저서만 전해지고 저자가 전해지지 않은 교부

A. 바나바스(Banarbas)의 편지[123]

a. 저자의 사적이 없기 때문에 바나바스가 누구인지 모른다.
b. 바나바스는 유대주의에 빠져 가는 성도들에게 그 사상을 경고하여 보낸 편지이다.
c. 히브리서와 흡사한 점이 많다(히브리서를 바나바로 추정함).
d. 바나바스는 알렉산드리아의 유대인으로 주후 70-120년의 인물로 추정했다.

---

123) 김의환 저, 기독교회사, 같은 책, pp.101-102.

B. 헬마스(Hermas)

    a. 헬마스를 로마서 10:14의 '허마'로 보는 견해가 있다.

    b. 그의 저서 [목양자]의 스타일은 미래 문학으로서 천로역정과 비슷하다.

    c. 불행한 가정에서 출생하여 한때 노예로 고생한 후, 로마의 기독교인 가정에 팔려와 개종한 듯하다.

    d. 사상은 율법주의적이며, 야고보적 성격이 짙다.

    e. 신앙은 예언적 은사와 금욕주의적으로 몬타너스와 비슷하다.

C. 디오그네투스에게 보낸 편지

    a. 발신자, 수신자가 분명치 않다.

    b. 황제를 이해시키려는 변증서 성격이 있음.

    c. 내 용 :

    1) 기독교 예배와 생활의 면 설명.

    2) 성도는 비국민인 근거가 없다, 나라의 의무에 책임을 다해 충실하게 수행해야 한다.

    3) 박해는 신자들이 피할 것이 아니라 오히려 기뻐한다.

    4) 사상은 강력한 믿음을 주장, 문장은 힘있고 풍부했다.

    5) 바울 신학적 영향을 많이 받음. 엘리트에게 보낸 전도서.

E. 디다케(Didache)

a. [12사도 교훈집]으로 알려졌다. 2세기 초 알렉산드리아에서 집필한 것이다.

b. 초대 교회의 세례자들을 위해 기독교 입문서의 내용이다.

c. 구 성 :

1) 기독교인의 윤리

2) 예배 의식과 권징

3) 주의 재림을 위한 대비점

d. 1873년에 발견되어 1883년에 출판되었다.

iv. 변증 교부(Apologists)

초대교회 역사는 초대 교회의 부흥을 강력하게 견제하는 세력으로서 로마의 황제가 있었다. 그는 정복자로서 누구도 항거할 수 없는 권력의 칼로 초대 교회를 유린했다. 그에 뒤질세라 이교도의 철인(哲人)들은 붓과 펜으로 초대 교회에 박해를 유감없이 가했다.

그때의 기독교는 아직 조직적으로 완벽하게 교리적 체계를 갖추지 못할 때였다. 그러나 초대교회의 교리를 선구자적으로 뼈대를 갖추어 나가는 공헌을 했던 주역들이 '변증 교부'였다. 이렇게 이교(異敎)의 사상 보다 기독교 진리가 우월하며 절대적 진리가 된다는 것을 알렸던 사람들을 또한 '변증가'라 한다.

1. 변증가로서 대표적인 교부

A. 저스틴(Justin)

a. 시 대
변증가 중 가장 대표적인 존재, 125년에 출생, 166년에 순교한 인물이다.

b. 사 상
문학적인 변론보다 죽음으로서 위대한 변증을 한 인물이다.
아리스토텔레스, 피타고라스, 플라톤 학파로 철학에 몰두했다.

c. 신자 된 동기
저스틴이 해변을 거닐 때, 어떤 노인이 나타나 성경을 풀어주며, 구약의 약속과 신약의 성취를 설명해주어 그가 믿게 되었다.

d. 사 역
저스틴은 성경을 연구하면서 죽는 날까지 지성인들에 전도하며 그 자신의 생애를 마쳤다.

e. 저스틴의 변증서 3권
  1) 대 변증서-안토니우스, 파이어스 황제에게 보내는 글.
  2) 소 변증서-로마의 원로원에게 보내는 글.
  3) 트리포(Trypho)와의 대화.

B. 아데나고라스(Athenagoras)

a. 시 대
2세기 후반 인물, 아테네의 크리스천 철학자.

b. 변증서 : 내용

[그리스도인을 위한 변증서]를 마르크스 아우렐리우스 황제에게 보냈다. 기독교인에게 비방을 변증하는 저술이다.

-기독교는 철저한 유신론이다-무신론자 집단 오해.

-카니발이 아니다-예배 의식을 무절제한 의식으로 오해.

-성적으로 문란한 단체가 아니다-예배를 위해 모일 뿐 혼란한 남녀 교제가 절대 없음을 변증했다.

-기독교인 도덕기준이 높다-살인, 인공 낙태, 사나운 경기 등을 배격하는 믿음을 가지고 있다.

C. 아리스티데스(Aristides)

a. 시 대

그리스의 아테네에서 태어남,

b. 변증서 : 내용

하드리아누스 황제에게 서신을 보내 기독교 변증(시내산 발견).

1) 참 신에 대한 성품을 변증함.

2) 이교도의 신화와 성경의 진리를 대비하여 변증함.

3) 그리스도인의 영적인 긍지를 변증함.

v. 헬라 교부(Greek Fathers)

헬라교부의 시기는 대략 AD 170년경으로 변증가 시대의 끝 무렵으로 본다. 성경해석에 중점을 두고 활동하며, 이단에 대해 단호한 태도를 취한다. 헬라 교부는 둘로 구분한다.

1. 소 아시아 파

사도 요한의 뒤를 이은 사람들이며, 철학적 사상을 중시하는 것 보다는 성경적인 바탕 위에 선 단순한 신앙을 더 강조한다.

A. 이레니우스(Irenaeus, 115-119경 출생)

a. 출 신
-이레니우스는 소아시아 신학자로서 사도 요한의 제자인 폴리갑의 문하생이었다.

b. 직 책
-이레니우스는 고올(Gaul) 지방의 리용(lyon) 시의 감독으로서 전도 활동에 능했다.
-그의 전도로 거의 모든 시민이 그리스도인이 되었다.

c. 학문성
-헬라 고전과 신구약 성경의 정통 신학자로서 그의 학문성은 당대에 탁월할 정도로 뛰어 났다.

d. 사 역
활동은 서방에서 했으며, 라틴신학 발전에 큰 공헌을 했다.

e. 사 상
이단들의 여러 사상과 주장을 논박하는 정통교리의 수호자 였다.

f. 순 교
로마에서 돌아와 리용 시에서 감독의 직책을 감당하다가 로마 황제

세베루스에게 순교 당했다.

g. 저 서[124]

'반 이단론'(反異端論)은 그노시스 이단 공격에 명쾌할 뿐만 아니라 고대 교회 사상연구에 유익한 자료가 된다.

  -1권-그노시스 이단에 대한 역사적 고찰

  -2권-이단에 대한 철학적 논박

  -3권-이단에 대한 성서적 비판

  -4권-그리스도의 말씀으로 말씀으로 말시온 사상 비판

  -5권-그노시스 이단의 이론에 대항하여 부활 논증.

B. 힙폴리투스(Hippolitus)

a. 배 경

  -힙폴리투스는 이레니우스의 제자이며, 학문적으로 매우 박식하며 탁월했던 인물이다.

b. 순 교

  -사르지니아 섬에 추방당한 후 순교 추정. 로마 티베르(Tiber) 강 유역에서 순교자 상에 그의 이름 발견, 그 지역 부근이 활동지역으로 인정되었다.

c. 저 서

  -'모든 이단 배척함'(Against all Heresies)의 책을 저술했다.

---

124) 김의환 저, 기독교회사 같은 책, pp.108-109.

-1842년 프랑스 학자 빌맹(Villemain)이 터어키 아소스 산 수도원에서 발견했다.

2. 알렉산드리아파

헬라의 영향을 받아 고전파 철학을 이용하여 신학을 연구하려 하였다.

A. 클레멘트(Clement of Flavius)[125]

a. 판테너스의 제자이며, 아테네에서 160년경 출생.
b. 장년이 되어 알렉산드리아에서 신자가 됨.
c. 12년간 신학교 교리문답학교에서 가르침.
d. AD 202년 셉티미우스, 세베루스 황제 박해로 안디옥에 피난함,
e. 저술과 강론으로 교회에 봉사함.

f. 저서
 -이방에 대한 권고(Exhortation to the Greek)
 -교육자의 지도서(Paedagogue)
 -이단에 대한 반박문(Stromata)

B 오리겐(Origen)

a. 생애

---

125) 김의환 저, 기독교회사, 같은 책, pp.109-110.

-AD 185년 알렉산드리아에서 기독교인 가정에서 출생했다.

-부친은 202년 로마가 기독교를 박해하는 일이 극에 달할 때 순교했다. 그러나 어머니의 지혜로 교부 오리겐은 죽음을 모면했다.

-신앙이 돈독하며, 총명하고 부지런했다.

-18세 때, 신학교교리문답 학교에서 클레멘트에게 수학했다.

-그는 가르치며 동시에 배우는 선생이었다.

-일생 독신자로 극한 가난 속에서 저술과 교수에 주력했다.

-211년 로마, 아라비아, 팔레스틴, 헬라로 전도여행을 했다.

-이단 설 주장하다 알렉산드리아서 추방, 가이사랴서 신학교 교장으로 취임하여 활동했다.

-244년 데시우스 황제 박해 때에 옥중에서 순교했다.

b. 저서 : 약 6천 권이라 함.[126]

-주석류 저술(신구약 전량) : 풍유적(allegory) 해석방법.

-조직 신학류:해박한 신학지식과 헬라적 사고방식원리에 의거 저술했다.

-변증적 저술류

Celsus 반박문은 신 플라톤 철학과 스토아 사상을 가지고 기독교를 과학적 입장에서 변증했다.

c. 신학

-클레멘트의 '로고스 신학'(말씀이 육신 됨)이 아니다.

-계시관은 성경에 밝혀진 교리와 인간 사색에 의존하는 성경해석을 주장했다. 인간 사색능력으로 추리하는 자유가 보장됨을 믿었다.

---

126) A. Kenneth Curtis & J. Stephen Lang, The 100 Most Important Events in Christian History, Baker Book House Company, Mi. 1991, pp.35-38.

-기독교 진리를 철학으로 해석하고 조화시키려 했다.

-구원관은 만인 구원설 주장했다.

-내세관은 연옥설과 지옥 유한설 주장했다. 또한 영혼이 선재하는 설을 주장했다.

-우주관은 철학자 플라톤의 영향을 입어 이데아Idea 세계와 물질세계를 주장했다.

-신학원리는 교회의 기본교리를 약술했다. 그의 독창적 신학이론을 전개했다.

vi. 라틴 교부

2세기 후반에 로마에서 이민한 사람들이 북아프리카의 칼타고에서 많이 살면서 기독교를 받아들였다. 소아시아를 제외하고 로마 제국 안의 북아프리카에는 가장 많은 기독교인이 있었다. 이들의 학문 활동으로 라틴 신학의 꽃이 피게 되고 대표적 신학자들이 배출되었다.

A. 터툴리안(Tertullian)[127]

a. 시 대

-A.D. 160년경 칼타고에서 출생했으며, 그의 부친은 백부장을 지냈으며, 모친은 이교도 가정에서 출생했다.

b. 사 상

---

[127] Richard W. Cornish, 5 Minute Church Historian, NavPress, a division of The Navigators, U.S.A., 2010, pp.35-37.

-A.D. 193년에 40세 때 기독교로 개종하여 복음의 변증과 선포에 주력했다.

c. 활 동
-로마에서 법학을 전공 후 명성 있는 법관으로 지냈다.

d. 저 술
-197-220년 라틴어로 신학적인 저술활동, 라틴신학 아버지라 칭함을 받았다.
-어거스틴을 제외하고 라틴계에서 가장 중요한 신학자이다.

B. 키프리안(Cyprian)

키프리안128)의 시대와 사상, 활동에 대하여 그리고 그의 특성에 대하여는 다음과 같다.

a. 시 대
-키프리안은 A.D. 200년경 교양 있는 귀족적인 부유한 가정에서 태어났다.

b. 사 상
-키프리안은 평소 친분이 두터운 연로한 장로에 의하여 그리스도를 믿게 되고 그에게 성경공부와 신앙 지도를 받게 되었다. 그후 말씀의 교

---

128) A.M. Renwick & A.M. Harman, The Story of The Church, London;IVP,1958, pp.39-41.

훈에 따라 자신의 재산을 가난한 사람들을 위해 구제활동을 펴기도 했다.
 - 2년 후 그는 장로가 되었고, 북아프리카 카르타고의 감독으로 선출 받았다.

c. 활 동
 -데시우스(Decius) 황제 치하인 250년 경, 그리스도인의 박해가 심해지면서 대량으로 그리스도인을 살상하게 된다.
 -키프리안은 A.D. 251년 박해를 피했다가 다시 고향으로 돌아온다.

성경과 신조-1

The BiBle and Creeds-1

Chapter-13

성경과 신조-1

The BiBle and Creeds-1

ⅰ. 성경의 주체

1. 기독교의 유일한 계시-성경

기독교(Christianity)의 유일한 믿음의 대상이신 하나님이 주셨던 계시가 성경이라고 한다.

성경은 어느 한 저자가 장문의 단일한 책을 쓰는 식으로 기록된 것이 아니다. 성경은 하나님의 계시로서의 권위를 갖는 66권의 책으로 구성된 일종의 전집물 형태이다.[129)]

약 40여 명의 성경의 기록자들이 각기 개성, 교육 정도, 시대, 공간적 배

경을 달리하는 성경이라는 전집물(全集物)을 만들려는 의사가 전혀 없이 각각 기록한 것이다.130)

2. 내면적 주체-하나님

-이러한 것은 표면적인 현상일 뿐이고 사실은 하나님이 그 배후에서 성경의 모든 내용의 주체(主體)가 되시고 성경기록 과정에서도 영감 (inspiration)으로 간섭하셨다.

-성경 66권의 직접적인 저자는 모두 다 하나님 한 분이시다. 그리하여 성경은 형식적으로는 66권이지만 내용적으로 1권의 책이다.131)

ii. 정경론

66권 만을 정경이라고 부를 수 있는 근거(정경의 기준을 연구하고, 정경의 기록 및 수립) 즉 정경의 형성과 전승 과정을 밝히는 것과, 정경으로서 성경의 절대적 권위를 확립하고자 하는 연구를 '정경론'이라 한다.

---

129) 계시(啓示)는 초(超)역사적인 성격을 갖는 것이므로, 역사주의가 주장하는 것처럼 역 사학적 방법에 의해서는 해명되지 않는다. 그러나 계시된 진리를 학문적으로 파악하 는 학문인 신학에서 엄연한 기초적인 사실은 계시가 역사적 맥락 속에서 발생한 역사 적 사실이라는 점이다. 이 때문에 계시는 어디까지나 역사적으로 이해되어야 한다. 그리고 신앙이나 신학 자체가 역사적 성격을 지니기 때문에 역사신학의 기능성은 부 정할 수가 없다(위키백과 사전).

130) 초대교회에서는 초기 주일 예배 때 예수의 언행록(言行錄)을 낭독했다.

131) 성경의 집성에 관하여는, * 160년 전후 사복음서 종합 집성했다. * 말시온은 사도 서신(바울의 10 서신)을 경전의 일부로 받아들였다. * 터툴리안 시대에 이미 신약의 집성이 완료되었다.

1. 정경의 기준

-성경의 '정경론'(正經論)을 증명하게 되면 자연히 다음과 같은 문제 issue가 제기된다.

-왜 그 많고 많은 문서 중에서 굳이 66권만 성경인가 하는 의문이 그것이다. 66권 각 권은 어떤 기준에 의해서 성경임이 증명될 수 있는가? 그 기준 자체는 성낭한가? 하는 의문이 가능하나.

-이상의 문제와 관련된 연구가 '정경론'(Canonics)이다.

-'정경'(Canon)에 해당하는 원어는 '카논'xαvωv이다. 카논은 원래 '갈대', '긴 나무 가지'라는 뜻이다.

-정확한 자(尺), 즉 길이를 재는 도구가 없었던 고대에는 이런 것들을 자의 대용품(代用品)으로 삼았다.

-카논은 결국 어떤 것을 재는 기준(基準), 척도(尺度)라는 뜻을 가진다. 표준(standard)을 뜻한다.

2. 영감이 전제됨

-기독교는 성경이 성도의 인식과 행위의 척도가 된다는 측면에서 그 영감성과 계시성이 인정된 성경을 '정경' 곧 '카논'이라고 한다.

-'영감'이란 성경을 기록하는 자체를 하나님의 계시를 담고 있다는 의미가 아니다. '영감'은 사람들이 하나님의 진리를 자신들의 말로 기록했다는 의미를 말하는 아니다.

-'영감'은 성경 기록의 말씀이 하나님 자신의 말씀임을 뜻하는데, 성경 기록의 모든 말씀은 하나님의 호흡(영감)에서 나온 것이기 때문이다.

A. 영감이란 하나님 계시를 글로 기록한 것

-'영감'이란 하나님의 계시를 글(우리가 일상적으로 사용하는 말)로 기록한 것을 말한다(엡3:3, 계1:19, 10:4, 22:18~19, 신4:2, 12:32).

B. 기록된 말씀을 말하는가? 기록하는 저자를 말하는가?

-'영감'에 해당하는 의미는 기록된 말씀에 영감이 임했다는 것을 의미하는 것을 말한다.

-말씀을 기록하는 저자를 가리켜 영감이 임했다는 의미는 아니다. 영감이 임하신 말씀자체를 기록하는 것이다.

C. 영감을 받은 것은 기록된 성경 말씀이다.

-영감이 임한 것은 기록된 성경 말씀이다. 성령 하나님께서 영감이 불어넣으신 하나님의 계시를 말한다.

-결코 성경을 기록한 저자들의 말이 아니다. 그러므로 영감받은 기록된 성경 말씀은 영감성이 전제되었음을 말한다.

iii. 정경의 기준(Definition of Canon)

1. 정경의 근거

-신약 성경이 정경으로서 결정된 시기는 동방교회가 A.D. 382년 로마

전체 회의에서 정경목록 작성한 것이다.

-A.D. 395년 칼타고 회의에서 신약 성경 27권과 그 목차를 확정한 것이다.

-신약 성경 27권이 현재의 모습으로 결정된 것은 A.D. 397년의 제3차 칼타고 회의(The Third Synod of Carthago)에서부터 였다.

2. 정경 고유의 속성

-성경이 기준으로 하는 근거는 어디에 있는가? 유독 66권의 성경만이 정경으로 인정되는 근거 또는 기준은 무엇인가?

-이 물음에 대하여 답하는 방식은 객관적으로 확실성을 줄 수 있는 속성들이 성경 66권에 내재(內在)하여 있음을 확인하는 길이 최선이다.

-성경만 고유한 것으로서 정경을 결정하는 원리로서의 사용된 기본 속성들을 요약해 보면 다음과 같다.

A. 사도성-Apostolic Origin

-12사도가 교회를 가르칠 때 처음부터 교회 안에서 권위 있는 말씀으로 받아 들였다.

-사도들이 기록했던 서신서-편지 같은 말씀들은 교회에서 읽혀지고 성도들은 독특한 권위로 인정한 것이다.

B. 영감성-Inspration

-성경을 기록한 저자가 성령의 감동을 받아 기록한 책이라는 증거가

220

나타나야 정경으로 받아들였다.

　-본문 전체가 하나님의 계시로서 일점일획(一點一劃)도 틀림없이 영감으로 기록된 사실, 즉 그 내용의 신적 기원이 인정되어야 한다.

C. 보편성-Universality

　-초대교회들이 이의 없이 하나님의 말씀으로 받아서 예배 때 읽었다(살전5:27). 시간이 지나면서 신약성경 27권을 진리가 보편성을 갖는가?를 확인하면서 정경으로 보면서 하나님 말씀으로 받아들여 여러 교회가 돌려가면서 읽었다(골4:16).

　-성도의 생활과 믿음의 표준이 되는 말씀으로 받아들인 책을 정경으로 받아들여 졌다(딤후3:16).

D. 목적성-Purposiveness

　-말씀의 내용 자체와 그 기록이 인간 구원을 위한 하나님의 뜻을 전달하는데 기본적인 목적이 있어야 한다.

E. 신뢰성-Credibility

　-하나님의 영감을 받고 쓴 인간 저자의 신실성(credibility)이 입증되어야 한다는 것이다.

　-저자의 하나님에 대한 진실성과 성경의 기록자로서 하나님께서 흔연히 인정하셨는가의 의문에 관한 문제이다.

F. 보존성-Preservation

-성경 원본의 권위에 근거하여 그 본문이 신적 간섭에 의하여 훼손됨 없이 전달되어 졌는가 하는 보존과정의 완전성이 요구된다.

-성경 66권 자체는 교회가 그것을 확증 공포하기 이전에도 정경이었음을 명심해야 한다.

-교회의 인증이란 결국 성경의 내적內的 속성屬性에 대한 외적外的 인정認定에 불과한 것이기 때문이다.

iv. 신조의 개관

일찍이 기독교의 교회와 그 공동체는 신앙의 구체적인 신조들을 알기 위해 성경을 연구해 왔다. 성경은 매우 방대하고 복잡하다. 간략하게 핵심을 짚어주지 않는다. 교회는 핵심 신조를 교리서나 혹은 신앙고백으로 요약하여 사용해 왔다.

1. 신조의 의미

A. 신조의 의미

-신조信條를 뜻하는 단어, 'Creed'(영, 크리드)는 'Credo'(라, 크레도)에서 왔으며, 그 뜻은 '나는 믿습니다' 또는 '나는 기꺼이 받습니다.'의 의미이다. 더 정확하게 '우리는 믿습니다'라고 고백해야 옳다.

-이유는 신조학은 신앙고백 자체가 개인의 사적私的 고백에 비중을

두지 않는다. 교회적 공동체로서 고백을 인정하고 그 권위를 부여하고 있다. 공동적 교회의 권위를 지닌 것을 염두에 두고 주님께 고백하는 것이다.

B. 신조의 사용

-신조는 '공동체적으로 사용하기 위한 신앙고백'(A confession of faith for public use)이라고 할 수 있다.

-'신조학'(Christian Creed)은[132] 기독교회의 신앙고백과 신조들을 연구하는 신학의 학문으로 역사신학 중에 교회사에 속하는 범주로 분류한다.

v. 신조의 명칭

1. 신조의 용어 유래

-신조라는 용어는 통상 Creed(크리드), Rule of Faith(믿음의 법칙), Symbol(상징) 등의 말로 병용(倂用)되어 사용해 왔다.

-Creed-사도신조(사도신경, Apostle's Creed)의 시작하는 첫 구절인 'I believe, Credo'에서 유래한다.

2. 신조의 의미

-Rule of Faith-가장 오래된 용어로 니케아 회의 이전의 교부, 이레니

---

132) J. D. Douglas, *The New Bible Dictionary*, Eerdman Pub. Co., 1972, p.243.
(About Creeds) 성경의 종교는 언제나 신조를 중심한 종교였다. 기독교교회의 신앙고백들의 기원은 신약성경에 담긴 신앙과 예배에 관한 원형 신조들의 진술에 있다.

우스나 터툴리안 등이 즐겨 사용하던 용어다.133) 믿음의 규준, 규례의 의미를 갖는다.

-Symbol-헬라어 '쉼보른'은 '쉼발레슨' 즉 '함께'(sum), '던진다'(ballo)의 합성어로서 이의미는, '공동체가 함께 던지는(고백하는) 신앙의 표현'을 나타낸다.

vi. 신조의 목적과 필요성

1. 신조의 필요성

-초기에는 하나님의 거룩한 교회를 세상이나 유대교, 또는 이교사상들과 혼합되어 있었다. 정통교리와 이단교리를 명확한 구분을 위하여 신조를 제정케 되었다. 신학사상의 발전과 함께 다양한 교파의 특색이 신조제정의 필요성을 갖게 했다.

-성경이 신앙의 규준이면, 신조는 교리의 규준으로 성경은 하나님께 속하지만 신조는 하나님의 말씀에 대한 인간의 응답이라 한다.134)

2. 신조의 사용

-현재 우리가 늘 대하고 있는 예배 의식서나 찬송가, 또는 요리문답들도 교리를 구체화 시켜 사용한다는 점에서 신조라고 할 수 있다.

---

133) 라틴어에서는 regula fidei 또는 regula veritatis(진리)로 표기한다.
134) 성경이 표준화시키는 규범(the standardizing norm)이라면 신조는 표준화된 규범 (the standardized norm)인 것이다. 따라서 이는 교회의 지적(知的) 발전에 의해서 발전되어 질수 있는 부분이라 할 수 있다.

3. 신조의 작성

　-신조의 작성은 다음의 몇 가지 이유로 그 필요성을 갖는다.
　a. 교육을 위해
　b. 신앙을 정의하기 위해
　c. 신앙고백의 통일된 표준을 제시하기 위해
　d. 이단들에 대항하기 위해

ⅶ. 신조의 역사

1. 역사적 신앙고백

　-신조는 믿음을 전제로 한 내적인 삶으로부터 나오게 되기 때문에 이미 교리적인 논쟁이 없었던 시절에도 신조는 존재했다고 본다.
　-구약시대 이스라엘 백성은 신명기 26장 5-9절을 통하여 역사적 신앙고백을 했다고 볼 수 있다. 실제로 이스라엘의 역사 자체를 하나님의 사건이요, 구원사의 사건이며 특히 신앙고백의 사건으로 보기도 한다(Von Rad, G. Wright).

2. 최초의 신앙고백

　-일반적으로 쉽게 인정하는 실제적인 최초의 신앙고백(신조)은 신약의 복음서에서 발견할 수 있다. 베드로의 신앙고백에서 살펴본다.
　-기독교 신앙의 첫 번째 대상은 예수 그리스도이시다. 베드로의 고백

이다. "주는 그리스도시오, 살아계신 하나님의 아들이시니이다"(마16:16).
베드로의 입술을 통한 이 고백은 세례 받을 때 신앙고백으로 자연스럽게
사용되게 되었다.

－사도행전의 빌립이 에디오피아 내시에게 세례를 베풀 때에도 이 고백
에 의존하였을 것으로 본다.

3. 삼위일체적 고백

－그 후 세월이 흐르면서 이 고백은 세례의식에 있어서 삼위일체의 형
태를 갖추게 되었는데 이는 아마도 "나는 성부와 성자와 성령을 믿는
다"(I believe in God the Father, the Son, and the Holy Sipirit)라는 다소 진전된
형식의 것이 사용 되었으리라고 본다.

A. 과정을 거치는 신조

－A.D. 4세기 이후부터 보다 발전된 형태가 나타나 서방교회는 사도신
조(신경)로, 동방교회는 니케아 신조(신경)로 진전되어 갔다.

B. 결정된 신조

－이러한 과정을 거치면서 기독교는 2천여 년의 역사 속에서 약 30여
개의 신조를 작성하게 되었다. 지구상에는 수많은 종교가 여러 가지 모양
을 형성하여 존재하고 있다.135)

---

135) 종교는 신앙의 고백위에서 형성이 되어져 있고 어떤 내용을 고백하느냐에 따라서

viii. 종교적인 분류

1. 일차적 분류

-지상의 종교를 일차적으로 크게 구분하면 기독교와 여타의 종교로 나뉘진다.

A. 기독교-하나님으로부터 계시된 종교이다.

-기독교[136]는 예수 그리스도에 의해 창시된 계시 종교이며, 이슬람교, 불교와 함께 세계 3대 종교 중 하나다.

-많은 종파가 있는데, 크게 나누어 로마 가톨릭교회, 동방교회(그리스정교), 프로테스탄트 교회의 세 가지 대 교단이 있다.

-현재 신도 수는 약 10억이며(2000년 기준) 세계의 정치, 경제, 문화에 가장 큰 영향을 주는 종교다.

-기독교가 어떤 종교인가? 하나님으로부터 계시된 종교이며, rlehrrt 종교의 유래이기도 한 성자 하나님(The Son of God)이신 '예수 그리스도'가 있다.

B. 기타 종교

-불교를 포함한 기타 종교는 인간이 만들어낸 종교라고 보고 있으며

그 방향과 특색을 달리하게 된다. 그러기 때문에 신앙고백은 참으로 중요하다.
[136] [네이버 지식백과-기독교 [Christianity].

생명과 내세가 없는 불완전한 그 자체이다.

2. 이차적 분류

-이차적으로 기독교를 분류해보면 구교 가톨릭과 신교로 분류할 수 있다.

A. 가톨릭 Catholic

-이 종교는 다시 로마 카톨릭(서방교회)과 헬라 카톨릭(동방교회)으로 구분한다. 주후 1054년 동서교회가 분리되었다.

B. 기독교 Christianity

-기독교는 많은 교파가 있으며, 이 교파를 가리켜 프로테스탄트(Protestant)나 혹은 개신교로 불리기도 한다.
-기독교는 크게 보면 당시의 교회공동체의 기성 세력으로서 하나밖에 없었던 로마 가톨릭교회에 항거하여 종교개혁을 일으킨 루터(M. Luther)를 말하고 있다.
-종교(교회)개혁은 그 완성자인 칼빈(J. Calvin)에 의해 주도되었다. 그러나 예루살렘에 초대 교회가 발생한 후 교황제도를 도입하여 자동적으로 보편적 교회(로마 가톨릭교회)로 이어갔다. 그후 1500년 교회 역사(초대, 중세)가 흐르는 동안 부정부패로 썩어버린 로마가톨릭에 대한 종교개혁을 칼빈이 사상적으로 정립했다.

3. 역사적 분류

신앙의 체계를 생각해 볼 때, 역사적인 분류를 하면 선명하게 그 자태를 살필 수 있다. 가장 성경적인 입장에서 보수적인 정통파의 신학의 흐름을 역사적으로 간략하게 전개해보면 다음과 같다.

A. 예수 그리스도

12사도-사도바울-속사도-교부(대표 어거스틴)-루터-쯔빙글리-칼빈-개혁주의자의 신학체계를 들 수 있다.

B. 대표적 신학자

기독교 개혁주의 신학을 이어오는 대표적인 신학자들은 다음과 같이 열거할 수 있겠다.

Table-12　　개혁주의 대표적인 신학자

아브라함 카이퍼 A. Kuyper
찰스 하지 C. Hodge
벤자민 B. 워필드 B. Warfield
헤르만 바빙크 H. Bavink
그레샴 메이첸 G. Machen
루이스 벌콥 L. Berkhof
*위의 학자들로 형성할 수 있다.

4. 한국교회 신학 사상 분류

한국 교회의 신학 사상을 분류해보면 다음과 같다. 기독교 신학 사상적으로 보면 결코 하나일 수 없는 신학사상으로 분류를 할 수 있다. 크게 대별하면 다음과 같다.

A. 자유주의

-신학자 불트만의 신학사상을 중심으로 한 실존주의(Existentialism) 신학의 흐름으로 자유주의, 또는 진화론적 신학의 흐름을 말하고 있다.

B. 신정통주의

-신정통주의는 칼 바르트의 신학 사상을 중심으로 한 신학의 흐름으로서 한 부류의 기독교 안에서의 신학 사상을 말하고 있다.

C. 칼빈주의

-칼빈주의(Calvlnism)는 신학자 존 칼빈 한 사람의 신학사상을 말하는 것이 아니다.
-칼빈은 말틴 루터의 종교(교회)개혁을 성경적인 바탕 위에서 개혁 신학적으로 정리해 놓은 것이다,
-그러므로 칼빈주의 복음주의 신학사상으로서, 정통 보수적인 신학사상적이고 역사적인 개혁주의(Historical Reformed) 신학에 대하여 맥으로 흐름을 말하고 있다.137)

성경과 신조-2

The BiBle and Creeds-2

---

137) 개혁주의란 한 개인(칼빈)의 신학의 학적 표명이 아니라 교회론적 입장에서 고백되어진 신조를 바탕에 둔 신학사상을 일컫는다.

Chapter-14

성경과 신조-2

The BiBle and Creeds-2

ix. 신조의 종류

1. 세계 신조, 공동 신조-The Oecumenical

A. 세계 신조

세계 신조, '공교회의 신조'(Symbola Oecumenica)라는 의미로 몇 몇의 자유주의적 교파를 제외하고는 거의 모든 기독교회, 개신교회와 동방의 헬라교회 및 서방의 라틴교회까지 이를 승인하고 있기 때문에 '공동신조', 혹

은 '교회신조'라고 부른다.138)

B. 세 가지 신경의 가치

-공동 신조에는 사도신경, 니케아신경, 아다나시우스 신경의 세 가지를 가치가 있다는 것을 인정한다.

-사도신경이 서방교회에 보다 널리 알려진 신조라면 동방교회에서는 니케아신경이 폭 넓게 알려져 있다. 사도신경을 기초로 다른 두 신경은 더 발전시키고 해설을 덧붙였다.

-주후 381년에 콘스탄티노플 회의에서 니케아신경을 약간 수정, 보완하여 니케아-콘스탄티노플 신경을 내 놓았다.

-주후 451년에는 칼케돈공회에서 이 신조들 위에 기독론에 관한 것들을 추가하였다. 이때 나온 신조를 '칼케돈신조' 혹은 '신경'이라고 부르고 있다.139)

2. 신경의 종류

기독교 역사 전체를 보면 교회 공동체가 예배하면서 혹은 신앙적인 삶을 이뤄가면서 고백했던 신조-신경이 헤아릴 수 없이 많다고 할 수 있다. 그러나 다음과 같이 정통적 신조-신경의 종류를 소개해 본다.

---

138) 헬라어 '오이쿠메니코스'에 기원을 두고 있는 Oecumenical 은 '온 세계가 한 집'이라는 의미에서 범세계적이라는 뜻을 포함하고 있다.

139) 이 신조는 그 권위에 비해 자주 사용되지 않으므로 필요에 따라 공동신조에 넣 기도 하고 생략되기도 한다.

Table-13	신조와 신경의 종류
니케아신경	
콘스탄티노플신경-니케아	
칼케돈신경	
아다나시우스 신경	
헬라교회(동방교회)의 신조	
라틴교회(서방교회)의 신조	
복음적인 개신교회의 신조[140]	

3. 사도신경-The Apostle' Creed

A. 사도신경의 논란

-사도신경은 그 형태 자체를 사도 자신들이 만든 것이냐 아니냐 하는 것에 대하여 초대교회 이후부터 근대에 이르기까지 많은 논란이 있었다.

-근거는 없으나 구전에 의하면 사도들이 한마디씩 고백하였다고 하며, 7, 8세기 경에는 12개 조항으로 나뉜 가운데 널리 사용된 것으로 보인다.

B. 사도들의 가르침의 요약

-사도신경은 사도들의 가르침에 대하여 가장 적합하게 요약하고 있다

---

140) 이 신조들은 종교개혁 후에 작성되었다. 주로 내용은 개혁주의 사상적으로 채워졌다.

-신약성경의 영성과 그 문자에 있어서까지도 잘 조화를 이루고 있기 때문에 사도신경이라 불리 운다.

C. 베드로 신앙고백

-사도신경의 기원은 핵심 부분인 예수 그리스도에 대한 조항을 볼 때 마16:16의 베드로에 의한 신앙고백임이 확실하다.

-이를 세례의식에 사용하기 위하여 삼위일체의 순서에 따라 배열한 것으로 보여진다.

-이것이 교회에서 사용되기 시작한 것은 주후 2세기 중반경부터로 추정하고 있다.

D. 4세기 이전 사방교회의 사용

-사도신경이라는 용어가 주후 390년, 밀라노의 노회가 교황 시리키우스에게 보낸 글에서 발견되고 있는 것으로 보아 4세기 이전에 이미 서방교회에서 현재 형태의 사도신경을 사용하고 있었음을 확인할 수 있다.

E. 탁월한 신앙의 상징성

-하나님의 계시에 대한 인간의 응답으로 드리는 고백의 이 사도신경은 탁월한 간결성, 놀라운 명확성, 훌륭한 순서, 그리고 예배의 장엄성을 지니며, 그 어느 다른 신조보다 신앙의 상징으로 불려 지기에 마땅한 것이었다.

F. 사도신경 본문의 공인 된 형태-The Receive Form

Table-14   공인된 사도신경

> **1**-나는(하늘과 땅을 만드신)전능하신
> 하나님 아버지를 믿습니다.
> **2**-또한 그 외아들 우리 주
> 예수 그리스도를 믿습니다.
> **3**-그는 성령으로(잉태 되시고)
> 동정녀 마리아에게 나시고
> **4**-본디오 빌라도에게(고난을 받으사)
> 십자가에 못박혀(죽어)
> 장사 되셨으며 (음부〈지옥〉에 내려 가셨다가)
> **5**-삼일 만에 죽은 자 가운데서 부활하셨으며
> **6**-하늘에 오르사 (전능하신) (하나님)
> 아버지 우편에 앉으시고
> **7**-거기서 산 자와 죽은 자를
> 심판하시기 위해서 오실 것을 믿습니다.
> **8**-(나는) 성령을 (믿습니다).
> **9**-거룩한 (공) 교회와 (성도가 교통하는 것과)
> **10**-죄를 사하여 주시는 것과
> **11**-몸(육체)이 부활하는 것과
> **12**-(영생)을 믿습니다.

사도신경은 주후 336-341년 경에 마르셀리우스(Marcellus)가 헬라어로 작성하여 소개되기 시작했다, 그러다가 7-8세기에 보편적으로 사용되면서 12개 조항의 형태로 전해오게 된 것이다. ( )안의 표시는 고대 로마 형태에서 추가된 부분을 말하고 있다.

G. 사도신경-개역개정 형태

Table-15   현재 교회에서 사용 중인 사도신경-개역개정

-전능하사 천지를 만드신

-하나님 아버지를 내가 믿사오며,

-그 외아들 우리 주 예수 그리스도를 믿사오니,

-이는 성령으로 잉태하사

-동정녀 마리아에게 나시고,

-본디오 빌라도에게 고난을 받으사,

-십자가에 못 박혀 죽으시고,

-장사한지 사흘 만에 죽은 자 가운데서

-다시 살아나시며, 하늘에 오르사,

-전능하신 하나님 우편에 앉아 계시다가,

-저리로서 산 자와 죽은 자를 심판하러 오시리라.

-성령을 믿사오며,

-거룩한 공회와, 성도가 서로 교통하는 것과,

-죄를 사하여 주시는 것과,

-몸이 다시 사는 것과,

-영원히 사는 것을 믿사옵나이다. 아멘.

현재 한국교회가 예배와 각 예전 등에서 지금까지 사용했던 사도신경(개역개정)이다. 위 〈Table-15〉에서 단락이 구분된 것은 성도들의 사용 시 음율적으로 자동 구분되어 들리는 형식을 참고한 것이다.

H. 사도신경-새번역 형태

Table-16   새로 번역된 사도신경[141]

1. 나는 전능하신 아버지 하나님,
2. 천지의 창조주를 믿습니다.
3. 나는 그의 유일하신 아들,
4. 우리 주 예수 그리스도를 믿습니다.
5. 그는 성령으로 잉태되어
6. 동정녀 마리아에게서 나시고,
7. 본디오 빌라도에게 고난을 받아
8. 십자가에 못 박혀 죽으시고,
9. 장사된 지 사흘 만에 죽은 자 가운데서 다시 살아나셨으며,
10. 하늘에 오르시어
11. 전능하신 아버지 하나님 우편에 앉아 계시다가,
12. 거기로부터 살아있는 자와 죽은 자를 심판하러 오십니다.
13. 나는 성령을 믿으며,
14. 거룩한 공교회와
15. 성도의 교제와
16. 죄를 용서 받는 것과
17. 몸의 부활과 영생을 믿습니다.
18. 아멘.

-현재 한국교회 장로교 교단을 중심하여 사도신경의 새(재)번역된 원고를 총회의 결의에 따라 각 교회의 형편에 맞게 사용하고 있다.

---

141) '사도신조'로도 번역할 수 있다.

I. 사도신경 새(재)번역에 대한 해설

a. 사도신경(새번역) 원칙은 다음과 같다.

-과거, 사도신경(개역개정)의 원문에 충실하되 항목별 개별성을 존중한다.

-신학적 검증을 검토하면서 다양한 재확인을 통하여 번역한다.

-현재(오늘) 교회공동체에서 예배와 예전에서 사용하는 언어표현을 따른다.

-사도신경(새번역)을 결정 시 이견이 있을 경우 기도 후 다수결로 정한다.

b. 사도신경(새번역)에 대한 의미

-사도신경(CREDO 라틴어로 '나는 믿는다', κανών τῆς πίστεως(헬, 신앙의 규범)은 성경에서 무엇을 믿어야 하는지를 신조화한 것으로 이에 대한 중요성은 아무리 강조해도 지나칠 수 없다.

-십계명을 계명 중의 계명이라 하고, 주기도를 기도 중의 기도라 한다면, 사도신경은 많은 신조 가운데 으뜸가는 신조이며, 신조 중 신조라 할 수 있다.

-사도신경은 성경과 거의 같은 수준의 신조이므로 '사도신경'이라 한다.

-사도신경은 기도문이 아니고 삼위일체 하나님을 신앙의 대상으로 고백하는 신앙고백문이다.[142]

---

[142] 사도신경 새(재)번역, 위키백과 다음/새번역 사도신경 해설[작성자 싸이티처

I. 현대교회의 주기도문 사용

-주기도문은 신조, 신경이 아니다. 예수 그리스도께서 제자들에게 가르쳐 주신 기도문(모범)이다.

-현대 교회 공동체가 지상의 교회 예배 현장에서 사용중인 주기도문은 소개하는 자료에 근거해 살펴볼 수가 있다.

-주기도문의 형식은 다소 부분적인 내용만 변했을 뿐 전체적 맥락은 달라진 것이 전혀 없다.

Table-17   주기도문 분류-전후반

전 반	세 부분	하나님께 대한 기도	하나님 영광에 대한 내용
후 반	세 부분	우리에 대한 기도	우리 구원에 대한 내용

Table-18   주기도문의 심플 분류 6가지 주제

주기도문의 심플 분류-6가지	
주기도문 주제	주기도문 새번역
① 하늘의 우리 아버지	하늘에 계신 우리 아버지
② 이름 거룩, 여김 받으심	아버지의 이름을 거룩하게 하시며
③ 하나님나라 임하심	아버지의 뜻이 하늘에서와 같이 땅에서도 이루어지게 하소서
④ 매일 일용양식 공급하심	오늘 우리에게 일용할 양식을 주시고
⑤ 죄 지은자 용서, 우리 죄 용서	우리가 우리에게 잘못한 사람을 용서하여준 것같이 우리 죄를 용서하여 주시고
⑥ 시험들지 않게 하심	우리를 시험에 빠지지 않게 하시고 악에서 구하소서
나라와 권능과 영광이 영원히 아버지의 것입니다. 아멘!	

4. 복음적인 개신교회의 신조들

    A. 루터 교회의 신조들

    B. 영국교회의 신조들-웨스트민스터 신앙고백

    C. 개혁주의 교회의 신조들

-쯔빙글리의 67개 조항

-베른신조

-제1스위스 신앙고백

-제네바 요리문답

-프랑스 신앙고백

-스코틀랜드 신앙고백

-하이델베르그 신앙고백

-벨직 신앙고백

-제2스위스 신앙고백

-도르트 신조

5. 칼빈주의 5대 교리-T ▪ U ▪ L ▪ I ▪ P

'칼빈주의 5대 강령'이라 부르기도 하며, 'TULIP'은 5대 교리에 해당하는 각 부분에 있어서 영어의 첫머리 글자(이니셜)를 조합했다.

    A. 전적 부패 또는 전적 무능-Total depravity

인간은 타락으로 인하여 그의 마음은 절망적으로 부패하였으며 스스로의 힘으로는 복음을 믿을 수 없는 존재가 되고 말았다. 죄인은 하나님의 일에 대해서는 죽은 바 되었고, 영적으로는 눈과 귀가 멀어버린 존재가 되었다. 따라서 죄인을 그리스도께로 데려오는 데는 성령의 도우심이 요구되며 성령에 의해서 중생케 된다. 또한 믿음은 인간의 구원에 대한 공로로 말미암아 오는 것이 아니라 하나님께서 죄인에게 주시는 선물인 것이다(창3:1-7, 6;5, 8:21, 시51:5, 전7:20, 요3:5-7, 롬3;9-12, 엡2:1-3, 딛3:3).

B. 무조건적 선택-Unconditional election

이 세상이 생기기 이전에 하나님께서는 특별한 개인들을 구원하시고자 선택하셨다. 하나님의 선택은 선택받은 자들이 행한 도덕적 특성이나 어떠한 행위를 미리 보시고 결정하는 것은 아니다. 믿음과 선한 행위는 결과이지 하나님의 선택의 원인이 되는 것은 아니다. 선택은 오직 그분의 주권적 의지에 달려 있다.

어떤 죄인들이 구원을 얻을 것인가 하는 것은 사람의 의지에 달려 있는 것이 아니라 하나님의 의지에 달려 있다. 하나님은 그가 택하신 각 개인에게 믿음과 회개를 주신다(신10;14-15, 시65;4, 마22:14, 요15:16, 롬8;28-30, 9:11-24, 엡1:4, 살후2:13-14, 딤후1:9).

C. 제한 속죄 또는 특별한 구속-Limited atonement

그리스도의 죽으심으로 말미암는 구속사역은 선택받은 자들을 위하여 계획되었으며 또한 그들의 구원을 실질적으로 보장하고 있다. 그 분의 구속은 선택받은 자들의 죄를 사하여 주실 뿐만 아니라 그리스도에게 연합시키는 것과 아울러 그들의 구원에 필요한 모든 것을 보장하고 있다.

믿음의 선물은 성령에 의하여 구원을 얻게 된 모든 사람에게 확실하게 적용이 된다. '누구든지 와도 좋다'고 선언한 그 초청은 모든 사람에게 주어진 것이지만 효력 있는 초청은 일부의 사람들에게 제한된다. 즉 선택 자들에게만 해당되어 있다고 보는 것이다. 찰스 핫지의 표현대로 '속죄가 모든 사람들에게 충분한(sufficient) 것이나, 그것은 일부의 사람들에게 만 유효한(efficient) 것이다'.

그리스도의 죽으심은 '모든' 사람을 위한 것이었고, 그 분의 죽음이 '세상'을 구원하는 것이다. 그러나 그럼에도 불구하고 그분의 죽으심은 그 계획에 있어서 제한된 것이었으며 특별한 백성들을 위한 것으로 그들을 위한 구원의 보장을 말하고 있다(마1:21, 눅19:10, 롬5:8-9, 8:32-34, 요6:35-40, 10:11, 14-18, 24-29).

D. 불가항력적 은혜, 또는 성령의 유효한 소명
-Irresistible grace

성령께서는 모든 사람에게 주어지는 일반적인 부르심(외적 소명)과 함께 택한 자들에게는 특별히 내적 부르심을 통하여 그들이 필히 구원에 이르도록 이끄신다. 외적 소명은 저항될 수 있고 때때로 저항을 받기도 한다. 그러나 택한 자에게만 주시는 내적 소명은 인간에 의해 저항될 수가 없고 항상 개심(改心)할 수 있도록 인도함을 받는다.

성령께서는 이 특별한 부르심으로 선택한 죄인들을 저항할 수 없도록 그리스도께로 이끄시는 것이다. 성령의 사역하심은 인간의 자유의지에 의하여 제한을 받거나 하지 않으시며, 인간의 협조에 의존되는 것이 아니다. 그 분은 택한 자들이 은혜롭게 적응하게 하시고 믿게 하시며 회개하게 하시고 자유롭고 또한 자원함으로 그리스도에게 나오도록 만들어 가신다. 그러므로 하나님의 은혜는 인간에 의해 거절될 수 없는 것이며(불가항력적), 그 은혜는 은혜 받은 사람들이 구원을 얻는데 결코 실패하지 않게 된다(신30:6, 겔36:26-27, 마13:10-11,16:15-17, 요3:3-8, 27, 눅8:10, 10:21, 행13;48, 16:14, 롬8:14, 9:16, 고전2:10-14, 6:11, 12:3, 고후3:17-18, 엡2:8-9, 4:4, 빌2:12-13, 벧전1:15, 2:9).

E. 성도의 견인(堅忍)-Perseverance of the saints

하나님에 의하여 선택이 되고, 그리스도에 의하여 구속을 받은 바 되었으며, 성령에 의하여 믿음이 주어진 모든 사람은 영원한 구원에 이르게 된다. 그들은 전능하신 하나님의 구원의 권능으로 말미암아 믿음 안에서 지켜지며 또한 끝까지 견인(堅忍)되어 진다.

어떠한 것도 그들을 영원하고도 변함없으신 하나님의 붙잡으신 사랑에서 갈라놓을 수 없다(사43:1-3, 54:10, 렘32:40, 마18:12-14, 요3:16, 36, 5:24, 6:35-40, 10:27-30, 17:11-15, 롬8:28-39, 고전1:7-9, 10:13, 엡1:5, 13-14,히9:12, 15, 10:14, 벧전1:3-5, 요일5;4,11-13, 20).

6. 웨스트민스터 신앙고백
-1647, The Westminster Confession of Faith

244

A. 가장 보편적인 신조

-신조 중 가장 많이 널리 알려진 것이 개혁신학을 영어로 요약한 고전적인 개요서 [웨스트민스터 신앙고백]이다. 이 신앙고백서는 1643-1649년 동안 영국 웨스트민스터 종교회의에서 작성되었다.

-이 신앙고백서는 개혁주의 신앙을 담고 있는 장로교회와 개혁교회의 신앙고백서이다.

-웨스트민스터 신앙고백은 개혁교회의 중요한 문서나 또는 신조(신경, Creed)로 폭넓게 채택되었다.

-현재 한국 장로교에서도 사도신경(신조), 니케아신조 등과 더불어 웨스트민스터 신앙고백을 중요한 문서로 삼고 있다. 이 신앙고백서를 '신도개요서'라고도 불린다.

B. 작성 동기와 과정

-영국에서는 정치와 교회 문제가 하나로 뒤엉켜져 혼란스러운 면이 있다. 칼빈주의적 개혁을 주장하는 청교도들을 압박하던 엘리자베스 1세(1558-1603)가 죽자, 스코틀랜드의 스튜워트 왕가가 잉글랜드의 왕위를 계승하면서 제임스 1세가 두 나라를 정치적으로 합병을 하게 된다.

-영국 의회가 종교적 사안에 대하여 영국교회가 공통으로 따를 수 있는 전례, 교리, 권징 등의 기준을 수립할 필요를 느끼고 회의를 소집했다.

-당시 국회에는 세 종류의 세력이 있었는데 다수를 차지하는 장로교도들과 왕당파인 감독교회(성공회) 지지자들, 그리고 크롬웰을 중심으로 하는 독립교회 파들이 있었다.

-이 때 다수의 장로교도들이 감독교회와 제휴하여 종교, 정치적인 면

에서 모범적인 청교도적 개혁을 추진하려 하였다. 국회는 영국의 웨스트민스터 교회에서 종교회의를 열자는 결의안을 올렸으나 왕은 무려 다섯 차례에 걸쳐서 거절하였다.

-이에 국회는 여섯 번째 입안에 상원의 동의를 얻어 왕의 승인 없이, 일방적으로 웨스트민스터 회의를 열도록 한 것이다. 이때가 1643년 7월 1일이었다.

-1643년 7월 1일 시작하여 1649년 2월 22일까지의 기간을 계산해 보면, 5년 6개월 22일간의 기간을 가졌으며, 이 기간 동안 1163회의 회의를 가졌다.

-당시 회의 참석자 구성은,

a. 신학자인 교직자가 121명이며,

b. 평신도로서 상원의원-귀족 10명, 하원의원 20명으로 회의에 소집된 총 인원은 151명의 의원이었다.

c. 교파별로는 영국의 청교도(장로교파-The Presbyterian)가 대다수이며, 감독교회파(성공회, The Episcopallian)가 포함되어 있다.143)

C. 웨스트민스터 신앙고백 편집 특징

-본 고백서는 33장으로 작성되었으며 조리 있고 엄숙한 문체로 씌어졌다. 그 시대의 정통교리 범위 안에서 인정되는 약간의 견해 차이를 허용한다.

-본서의 신앙고백은 교리의 유일한 근거가 성경이라고 한다. 초대 교회의 신조로부터 나온 삼위일체와 그리스도 교리에 동의하며 그것을 재

---

143) [웨스트민스터 대성당]은 성공회(Anglican Church 또는 Episcopal Church)에 소속 교회이다.

진술 한다.

　-이 신앙고백에는 성례, 목사의 임무, 행위와 은혜의 두 언약에 대한 개혁교회의 입장이 나타나 있다.[144]

D. 이 문서의 영향력과 사용

　-아일랜드 국교회의 대강령(1615)은 유럽대륙의 개혁전통과 초대개혁파 교회로부터 물려받은 신조, 사상을 바탕으로 이 고백서는 작성되었다.

　-1647년 스코틀랜드 교회가 이 신앙고백서를 택하여 사용한다.

　-미국으로 건너간 청교도에 의해 미국 장로교회(PCUSA)의 교리적 표준문서로 웨스트민스터 신앙고백서와 각 문답서들은 인정되었다.

　-웨스트민스터 고백서는 범세계적인 칼빈주의의 신학적 내용을 고전적인 논술의 형태로 요약되었다.

　-한국에는 장로교 선교사들이 가지고 들어와 한국 장로교 교회의 신앙과 신학 사상의 표준문서로 통용되고 있다.

7. 웨스트민스터 대소요리(교리) 문답

A. 본 회의에서 동시 작성

　-본 회의에서 신앙고백서와 동시에 대소요리문답서도 작성했다.

---

144) 이 신앙고백에 따르면, 영원한 판결(예정)은 "어떤 사람은 영원한 생명을 받도록 예정되고 어떤 사람은 영원한 죽음으로 미리 정해진다"는 것이지만, "하나님은 죄의 창시자가 아니며 피조물의 의지도 침해하지 않는다"고 말한다.

-두 요리문답에서는 많은 성경적 증거를 제시하고 있으며, 교회정치
와 권징 부분에 대해서만 생략하고 있다.

B. 강단용 사용 목적-대요리 문답

-대요리문답은 유럽 대륙의 개혁교회 관습을 따라 작성한 것으로 강
단에서 공적인 해설을 하기 위해 작성한 것이다.

C. 어린이 교육 위하여-소요리 문답

-소요리문답은 대요리문답을 간결하고 더욱 명료하게 요약한 것으로
어린이들의 교육을 위하여 작성되었다.

D. 승인과 선포

-에딘버러 총회는 1648년에 대요리문답과 소요리문답을 각각 승인
했다. 또한 선언하기를 "하나님의 말씀과 일치하며, 공인된 교리, 예배,
권징, 교회정치에 위배된 것이 전혀 없다"고 선포하였다.[145]

---

[145] 이 결정은 1649년 스코틀랜드의회에서 비준을 받게 되었으며 이 문답
서는 하나의 질문에 하나의 답변의 특징을 지닌 형태로 작성되었다.

주요 종교 회의들

The Councils of Major

Chapter-15

주요 종교 회의들

The Councils of Major

본 15과에서는 격렬한 신학 논쟁의 시대로 들어간다. 몇 가지 중요한 신학의 교리적 문제들에 대하여 교회가 자신의 입장을 정리할 시기가 온 것이다. 특히 이 시기는 신학적인 면에서는 유난히 소란스러운 시기였다.

많은 종교 회의들이 소집되고 결정되었다. 이런 일들은 한편 비생산적인 것으로 평가될 수 있을지 모르나 후 세대에게 무한히 귀중한 신앙과 선언들이 나타나 초대 교회 시대에 하나님의 공동체인 교회에게 움직일 수 없는 바른 신앙의 유산으로 남게 되었다.

250

i. 제1차 : 니케아 회의(Nicaea)

알렉산드라의 감독 알렉산더가 삼위일체의 하나님의 나타나심에 대해 교육을 하는 중이었다. 아리우스가 이에 대하여 교리적인 문제를 거론하며 공격하면서 소위 '기독론 논쟁'이 발생되었다.
이 논쟁은 한때 교회를 갈라놓았고 그 영향은 거의 3세기나 지속되었다.

1. 논쟁

주후 325년 5-6월에 콘스탄틴누스 황제가 소집하여 개최했다.

A. 논쟁의 발단 : 그리스도의 신성

아리우스는 318년, 그리스도의 교리에 대하여 교회의 공인된 교리와는 다른 교리를 퍼뜨렸다.

  a. 아리우스(Arius)
   -그는 현재 트리폴리의 리비아인이다.[146]
   -알렉산드리아 장로로 큰 세력을 지니고 있었다.
   -명쾌한 이론가이며 열정적이었다. 그러나 금욕생활을 하여 추종자가 많았다.

---

[146] 당대 일류 학자로 성경해석에 능한 루키아누스(Lukianus, 312년 경 죽음)에게 사사 받았다.

b. 그리스도관-아리우스의 학설147)

-'유사본질론'(Homoiousios/ὁμοιουσιος)의 교리를 주장했다. 아리우스의 유사본질론은 다음과 같은 논리를 말하게 된다.

-비 존재성-그리스도는 "비 존재로부터 태어났다".

-선재설(Pre-existence) 부인-그리스도는 "존재하지 않았던 때가 있었다".

-영원성(Eternality) 부인-그리스도는 창조 전에 존재하지 않았다.

-피조물-그리스도 "그는 피조 되고 만들어 졌다"고 가르쳤다.

-열등한 존재-예수는 모든 피조물 가운데 가장 앞서 고귀하지만, 본성과 위엄에 있어서 아버지보다 열등하다고 주장했다.

c. 아리우스의 처세

-아리우스는 논쟁의 본질을 흐리며 백방으로 자신의 주장을 선동하며 주변의 많은 사람을 회유했다.

-아리우스의 유능한 대인관계는 예루살렘 감독 마카리우스(Macarius), 니코메디아의 유세비우스(Eusebius), 그리고 가이샤라의 유세비우스(Eusebius) 등의 유명한 성직자들과 교분을 맺었다.

-아리우스는 이단성으로 321년, 일단 추방당했다.

B. 그리스도의 동질성

a. 알렉산더(Alexander, 알렉산드리아의 감독)

-320년 알렉산더는 "아들은 아버지와 본질상 동일하며 동일하게 영

---

147) A.M. Renwick & A.M. Harman, The Story of The Church, London:IVP,1958, pp.50-52.

원하다"는 신앙고백을 선언했다.

b. 아타나시우스(Athanasius)
－알렉산더를 교리사상을 이어 받아 니케아 신조를 계승하여 발전하게 되었다.

c. 그리스도 관-아타나시우스의 학설
－'동일본질론'(Homousios/ὁμοουσιος)을 주장했다.
－이 '동일본질론'은 예수 그리스도의 신성을 성부 하나님의 신성과 동일하다고 하는 것이다.
－그리스도는 죄 없으신 구속 주(Redeemer)이시다.

d. 결 과
－예수 그리스도는 참 하나님(vere Deus), 참 인간(vere homo) 이심을 고백하게 되었다.
－우리가 예수 그리스도의 대속의 은총으로 속죄함을 받게 되었다.
－예수 그리스도는 우리의 예배와 찬양을 받으실 영원한 하나님이심을 고백하게 되었다.

2. 니케아 회의 소집

A. 교회 분열 방지

－부활절 일자(日字)를 정하는 문제와 아리우스의 기독론의 이단설로 많은 추종자가 발생 하므로 교회의 분열을 염려하여 콘스탄틴누스 황제

가 니케아에서 회의를 소집하게 된 것이다.

B. 회의

-콘스탄틴누스 황제가 직접 참석하여 회의에서 연설했다. 그만큼 당시의 회의 분위기는 매우 중요하게 진행되었다.

-아리우스파에서 신조의 초안을 제출했으나 기각되었다.

-가이샤라 유세비우스가 신조의 초안을 제출했다. 이것은 화합을 목적으로 한 것이었다.

-회의 논의의 초점을 하나님과 그리스도가 동일본질론으로 진행되어 갔다. 아타나시우스의 주장을 인정하는 것이었다 .

-아다나시우스는 추상적 변론을 피하고 구원 사상에 근거한 성경적 진리를 진실하게 주장했다.

C. 참석자

-참석자의 기록에 대하여 서로 달랐다. 250명-유세비우스 기록, 318명-아타나시우스 기록이었다.

-회의 참석자로는 박해 때문에 눈이 멀거나 양손을 못 쓰는 불구자, 혹은 피나는 고행을 겪은 자들이 다수 참석했던 것이다.

-아리우스파, 유세비우스를 비롯하여 니케아 칼케돈, 에베소 감독이 이 파에 속했다.

-중립파-가이샤라의 유세비우스,

-정통파-소수였다. 그러나 유력하고 확신이 있었다. 알렉산더와 골도바의 호시우스, 아다나시우스였다.

D. 결의

-중립파 유세비우스가 제출한 초안은 반대파 아리우스의 주장을 부인하는 것이다.

-회의의 종결은 유세비우스 안에 수정을 가하고 아다나시우스 의견에 손을 들어주고 토론을 종결했다. 의장이 신앙고백을 낭독케 했다.

-회의에서 결의한 결과 아리우스는 일리루아로 추방령을 내리고 그를 추방하게 되었다.

-결의 안건 중 부활절은 주일(일요일)에 지키기로 했다.

ii. 제2차 기독론 회의

1. 일시와 장소

-주후 381년 콘스탄티노플리스에서 개최되었다.[148]

2. 소집 자와 주재자

-로마 황제 네오도시우스가 소집하였고 나지안주스의 그레고리가 회의를 진행했다.

3. 의제

---

[148] A.M. Renwick & A.M. Harman, The Story of The Church, London:IVP,1958, p.52.

A. 아폴리나리스(Apolinaris)의 주장 때문에 소집되었다.

B. 그리스도의 인성의 제한

　-회의 주제의 문제로서 그리스도는 하나님의 로고스가 사람의 영에 대치했다고 주장했다.
　-그리스도는 사람의 영이 없으니 인성(人性)은 제한되었다고 수장했다.

4. 결의

　-아폴리나리스 학설을 기각했다.
　-그리스도는 완전한 하나님이며 완전한 인간이 되심을 선포했다.

iii. 제 3 차 회의

1. 장 소 : 에베소. 431년[149]

2. 소집자 : 데오도시우스 2세

3. 의 제

A. 네스토리우스(Nestorius)의 양성론(兩性論)

---

[149] A.M. Renwick & A.M. Harman, The Story of The Church, London: IVP,1958,　pp.52-53.

-그리스도는 신(神)이 아니고 로고스가 임한 것이다.

-그리스도의 신성(神性, Deity of Christ)과 그리스도의 인성(人性, Humanity of Christ)을 구별하여 주장했다.

B. 그리스도 양성론 반대

-알렉산드리아 학파에 속한 감독 키릴로스가 그리스도의 신성과 인성에는 교류가 일어나기 때문에 신성과 인성의 양성론(兩性論, Dyophysitism)을 구분해서는 안된다고하면서 그리스도의 양성론에 반론을 제기하면서 항의했다.

4. 결 의

A. 네스토리우스의 출교 결의

-키릴로스 파(알렉산드리아 학파)는 동방교회에서 파송한 회원들이 아직 도착하지 않은 틈을 타서 네스토리우스의 출교를 결의해 버렸다.

B. 네스토리우스 파의 반격

-네스토리우스 파가 도착하여 키릴로스를 오히려 이단이라고 몰아 세우며 그들이 반격을 시도하며 출교당하지 않으려 안간힘을 썼다.

C. 네스토리우스를 아라비아로 유배

-주후 435년 네스토리우스를 아라비아로 유배시켰다.

iv. 도적 회의

1. 장 소 : 에베소, 449년

2. 의 제

-유티케스(Eutyches)의 일성론(一性論, Monophsitism)이 주제가 되었다.
-그리스도는 이성(二性: 인성과 신성)으로 되어 있으나 합일시 인성이 신성에 침입되어 우리의 신체와 같지 아니하다는 주장이다.

3. 경 과

A. 이 회의 경과는 알렉산드리아 감독이 자파 세력을 확장하기 위해 유티케스를 지원했고 데오도시우스 황제로 소집하게 했다.

B. 알렉산드리아 감독 디오스코루스(Dioscorus)가 의장이 되어 병졸과 무뢰한을 동원하여 반대파를 위협하여 안디옥 파 수령을 내어 쫓고 유티케스를 복직 시켰다.

C. 이 회의를 일명 '도적 회의'라고 부르고 종교회의 기록에서 삭제하도록 했다.

v. 제 4 차 회의

1. 장 소

-칼케돈(Chachedon) 회의, 주후 451년에 소집되었다.[150]
칼케돈 공의회(Council of Chalcedon)는 451년 10월 8일부터 11월 1일
까지 소아시아의 비티니아의 도시 칼케돈(현재의 터키 이스탄불 주)에서 열렸
던 기독교의 공의회이다.

2. 소집자

-말키아누스(Marcianus) 로마 제국의 황제가 소집했다.
-회의 참석자는 전 세계에 존재하는 600여 명의 감독이 참석했다는
기록이 있다.

3. 회 의

A. 세 신학자와 학파[151]

-갑바도기아 학파(Cappadochian school)의 세 신학자가 아타나시우스의
동일 본질론에 동조하며 같은 신조를 찬성하였다.

---

150) Richard W. Cornish, 5 Minute Church Historian, NavPress, a division of
   The Navigators, U.S.A., 2010, pp.87-89.
151) Richard W. Cornish, 같은 책, pp.64-65.

-세 사람은 성 니사의 그레고리(St. Gregory of Nyssa),

　　성 가이사라의 바실(St. Basil of Caesarea),

　　성 나지안주스의 그레고리(St. Gregory of Najianjus)

이상 신학자는 헬라어를 사용하는 교부들이다(64-65).

B. 제4차 회의에서 공인된 결정 사항

-단성론과 대립을 이루는 주장으로, 그리스도의 한 위격(位格) 안에 신성과 인성의 두 본성이 공존한다는 기독교 정통 신앙관을 공인했다. 당시 공의회에서는 그리스도의 신성과 인성은 분리되지 않는다는 내용의 칼케돈 신조를 통해, 예수 그리스도는 완전한 인간이요, 완전한 하나님이라고 고백하였다.

-또한 칼케돈 신조에 예수가 신성을 지닌채 태어났다는 의미인 '테오토코스'[1]라는 단어를 넣음에 따라, 예수 그리스도의 신성과 인성이 분리될 수 없음을 강조하는 테오토코스를 정통 교리로 재확인하였다.

-나중에 이들은 기독교의 성령론(성령도 하나님과 동일한 분이라고 정립)

-삼위일체론(성부 하나님, 성자 예수님, 성령 하나님)을 명쾌하게 정립하는 공헌을 세우게 된다.

-칼케돈 공의회의 정통교리 확립으로 유티키안주의, 콥트 교회 등 단성설을 따르는 교회나 그리스도의 인성을 강조하는 네스토리우스파 교회는 이단으로 단죄되었다.

-이중 그리스도의 신성과 인성은 구분된다고 주장한 네스토리우스파는 더욱 압박을 받게 되어 중동과 중국으로 활동 무대를 옮겼다.

4. 결 과

-칼케돈 신조를 작성하여 결정하고 공포했다.

vi. 제 5 차 회의

1. 장 소

-콘스탄틴노플리스에서 주후 553년에 소집되었다.

2. 소집자

-유스티아누스 황제(527년-565년)가 소집했다.

3. 의 제

-일성론자와 화해하려고 삼장령(三長領, The Three Chaters)을 발표했기 때문이다. 삼장령은 안디옥 파의 세 신학자의 의견을 반박했다.

4. 결 과

-칼케돈 신조에 대한 새로운 해석으로 정통교리를 삼았다.

vii. 제 6 차 회의

1. 장 소 : 콘스탄틴노플리스, 680년

2. 소집자 : 콘스탄티누스 4 세

3. 의 제

　－일의론(一意論, Monothelitism 양성(兩性)을 가졌으나 신적인 의지만 가졌다는 설)
을 놓고 의제를 삼았다.

4. 결 과

　－이의론(二意論)을 채택하고 공포했다.
　－성화에 대한 숭배를 하기로 결정했다.

viii. 제 7 차 회의

1. 장소 : 니케아, 787년

2. 소집자 : 콘스탄티누스 3세

3. 의제 : 성화를 계속 숭배할 것인가하는 문제를 논의했다.

4. 결과

　-성화를 숭배하기로 결정하며 서방 로마가톨릭의 교리를 존중하기로 했다.

ix. 제 8 차 회의

1. 장 소 : 콘스탄티노플리스, 869년, 879년

2. 소집자 : 성 바실리우스

3. 의 제

　A. 869년 이그나티우스 대 포티우스

　B. 876년 성령의 출처 문제

4. 결 과

　A. 869년 포티우스 파면

　B. 879년 니케아 신조 확인

수도원 운동

The Movement of Monastic

Chapter-16

수도원 운동

The Movement of Monastic

i. 수도원 운동의 원인

수도원 운동은 사도 시대에 이미 사도 바울에 의해 비정상적인 금욕주의를 피하라는 권면에서 비롯되었다(골2:23; 딤전4:1-3). 그러나 엄밀한 의미에서 수도원 운동은 금욕주의에서 발생한 것이라고 말할 수 있다.

1. 수도사의 의미

A. '홀로 사는 사람'

a. 세례 요한

-수도사라는 말의 의미는 '홀로 사는 사람'을 뜻하는 '모나코스' (monacho, 헬)에서 유래하였다. 홀로 사는 사람의 전형을 말할 때, 세례 요한을 들 수 있다.

-세례 요한은 예수님 보다 6개월 먼저 이스라엘 광야에서 주의 길을 예비하면서 금욕주의의 생활을 했다.

b. 금욕주의(Anchoretism) 선례

-그는 홀로 광야에 거하면서 "회개하라 천국이 가까웠느니라"(마 3:1-7; 막1:1-18; 눅3:1-18; 요1:19-28) 천국 복음을 선포했다.

-광야에서 낙타 옷을 입고 만나와 메뚜기를 먹으면서 철저하게 금욕주의 생활의 선례를 남겼다.

B. 수도하는 사람들의 발생 원인

a. 종교적 공동체의 삶 때문에

-교회라는 공동체가 이미 구성되어 그 안에서 신앙생활을 하던 사람들은 마을 또는 도시를 떠나 사막에서 홀로 살기 시작했다.

-이들은 독신은 아니지만 평범한 사람들과 격리된 한 종교적 공동체를 이루고 사는 삶이 더 나을 수 있다고 생각했기 때문이다.

2. 세속화의 반작용

기독교가 국교가 되자 기독교의 세속화 현상이 여기저기서 일어나게 되었다. 수도사가 발생하게 된 원인은 여기에 대한 반작용으로 금욕생활,

경건생활의 운동이 본격적으로 일어나게 된 것이다.

A. 개인적 신앙활동 추구

-교회가 점차적으로 조직화, 규율화 되어감에 따라 개인적 신앙활동
을 수도원이라는 별개의 사회에서 구하게 되었다.

B. 물질을 떠난 새로운 생활

-인간이 모여 사는 사회생활은 단순함에서 복잡한 생활로 접어들기
시작했다.
-인간사회 생활에서 물질은 마음을 변질시키거나 오염시키는 속성이
있다는 것을 깨달은 것이다.
-그러므로 물질을 떠나 그것 없어도 만족할 수 있는 새로운 생활을
찾게 된 것이다.

ⅱ. 수도원의 기원

주후 250년 이후 이집트에서 수도원 운동(Monastic Movement)이 시작되었
다. 초대교회 시대에서 중세교회의 전환기(轉換期)에 사회적·문화적 거점
을 형성한 것은 수도원이었다. 수동원 운동의 정신에서 싹튼 기독교의 금
욕주의는 251년 이집트에서 태어난 성 안토니로부터 발생하게 되었다.

그와 함께 동방의 이집트나 시리아에서의 기독교적 금욕생활에서 시작되

어 확산되기 시작한 주요 원인을 몇 가지로 들 수 있다.

　-로마 제국 말기의 황제 콘스탄틴 황제와 친족들의 기독교로의 개종을 들 수 있다.,

　-기독교의 국교화 조치에 따르면서 지하에 숨어있던 기독교가 현세 권력과 타협하기 시작한 것이다.

　-기독교의 순수한 신앙이 세속에 물들자 기독교를 보호하고 보존하려는 움직임이었다고 볼 수 있다.

나중 수도원 기원과 함께 발생했던 금욕주의 운동은 5세기 이후 서유럽 각지에 확산되어 중세시대의 한 운동으로 자리를 잡게 되었다.

1. 성 안토니(St. Anthony, 251-356)

A. 그의 출생

　-안토니는 나일강에서 24마일 떨어진 작은 마을 코마(Koma)에서 태어났다.

　-이집트 가문의 풍족한 가정이었지만, 그가 18세 되던 해 부모는 농장과 그 밖의 유산을 남겨주고 세상을 떠났다. 오직 누이동생과 같이 생활했다.

B. 수도사가 된 동기

　-그의 부모가 죽고 16개월 후 교회에서 선포되는 말씀에 크게 도전을 받게 되었다. '소유를 팔아 구제하라'(마19:16-21)라는 말씀에 감동하게

된다. 이 말씀은 그리스도의 명령으로 다가섰다.

-그는 기도한 후 누이에게 일부의 재산을 주어 생활하게 했다. 남은 재산을 소외된 계층의 구제와 도움을 절실하게 필요로 하는 자들에게 나누어주었다.

C. 그의 경건의 삶

-이후 안토니는 집 없이 마을 밖 공동묘지에 살기 시작했다. 어찌 소문을 들었는지 그를 찾아와 신앙적으로 인도를 받았다. 나중에는 수많은 사람이 몰려오자 그들을 피하여 사막에 자리를 잡고 거기서 의식처로 삼아 기거하기 시작했다.

-사막으로 들어간 안토니는 황량한 사막의 굴속에서 성경에서 증거하는 세례 요한과 같은 경건 생활을 시작하게 되었다.

-은둔생활하는 안토니는 여러 해를 홀로 지나면서 악령들에 둘러싸여 악한 세력과 심히 격하게 영적으로 투쟁하며 살았다.[152)

D. 추종자

-알렉산드리아의 감독을 순교시킨 로마 제국의 마지막 박해기간 동안 안토니는 그 도시를 방문하여 두려움에 떠는 그리스도인들을 격려했다.

-더욱 유명한 것은 그는 아타나시우스가 아리우스와의 기독론 논쟁에서 수세에 몰려 몹시 위태한 상황을 당할 때였다.

-아무도 아타나시우스에게 편드는 것을 두려워 하는 분위기 속에서

---

152) 이집트 사막으로 들어간 안토니는 거기서 영적전쟁을 심하게 치뤘다. 무시무시하게 생긴 괴물들을 보면서 마음을 빼앗기지 않았고 오히려 그들과 더불어 투쟁한 것이다.

안토니는 아타나시우스의 기독론이 교리적으로 정당하다고 공식적으로 선언했다. 한편 이단적 교리를 내세우는 아리우스는 '사탄보다 더 악하다'고 단정했다.153)

E. 수도원의 전형

-안토니는 사막으로 은둔생활을 하면서 수도원의 전형을 남기게 되었다.

-사람들이 안토니의 영적인 능력의 소문을 듣고 찾아오면 그들을 잠시 만나 위로와 권면 등으로 그들과 수도원 생활을 하면서 용기와 소망을 주었다.154)

-그 후 더 깊은 사막으로 은둔하면서 수도사적인 삶을 보냈다.

2. 공동생활

A. 은둔자들의 모임

-유명해진 은둔자 안토니가 거주하는 곳에 많은 은둔자가 몰려와 그와 함께 집단을 이루며 영성적인 삶에 몰두하기 시작했다.

-수도원의 공동생활은 영성(靈性)이 깊은 사람이 기도하는 주변에 사람들이 모여 한 집단을 이루면서 공동생활이 자연스럽게 이루어 졌다.

---

153) 안토니가 사막에서 잠시 나와 기독론 진리에 이단적인 요소를 주장하는 아리우스를 비판하였다. 그러나 이상하게도 그를 벌하거나 비판하는 사람이 전혀 없었다는 것이다.
154) 그들과 함께 사막에 하나의 공동체를 세우고 생활하게 되었다.

B. 수도원의 기원

- '수도사'(monk), 이 말은 '은둔자'의 뜻과 '공동생활을 하다'의 의미를 내포하고 있다.
- 공동체 회원들은 수도사적인 생활을 하는 지도자를 '수도사'로 불렀다.
- 이들은 집단을 이루고 서로 모여 기도하고 후에 이를 계기로 수도원의 기원이 되었다.

C. 수도원 발생 동기

- 공동생활을 원하는 집단은 다른 목적으로 모인 것은 아니다.
- 하나님을 알고 그를 따르며 그와 함께 깊은 명상과 거룩성(영성,Spirituality)을 유지하려고 모여든 무리를 통해서 수도원 발생은 자연적으로 이뤄지게 되었다.

iii. 수도원 규칙

1. 수도원 규칙 제정자들

A. 파코미우스(Pachomius, 229-346)

a. 수도원 규칙
- 인간이 집단을 이루는 다른 사회 집단이라 할지라도 거기에는 반드

시 하나의 규칙(rule)이 필요하다. 수도원 규칙을 최초로 제정한 위대한 사람은 파코미우스이다.

b. 타베나스 수도원-규칙적 커리큘럼

-그는 동방의 북부 이집트 나일 강의 타베나스(Tabanessi) 섬에 수도원을 설립하고 규칙적으로 예배와 의식, 성경공부와 학문, 경건훈련, 노동, 징벌 등에 관한 규정을 제정했다.

c. 아타나시우스 방문

-이 수도원이 건립된 직후 아타나시우스가 이 수도원을 방문했을 때, 약 3,000명의 수도사로부터 열려한 환영을 받았다.

d. 노동으로 자립

-모든 커리큘럼에 의한 수도원 교육이 실시되고 있었고 노동을 통하여 자립하며 규모 있는 공동체 생활을 하는 것을 목격했다.

e. 수도원 운동의 파급

-4세기 말에 가서는 이와 비슷한 수도원 공동체들이 이집트에 세워졌고 이 수도원 운동은 다른 지역으로 퍼져 나가기 시작했다.

B. 성 바실(St. Basil the Great, 300-379)

-성 바실은 삼위일체론과 성령론의 대가였던 가이샤라의 성 바실이다.

-성 바실은 지나친 금욕주의를 반대하는 원칙을 가졌다. 그는 사랑, 봉사, 노동, 기도, 성경읽기, 등 수도원의 규칙을 나름대로 정했다.

-성 바실은 수도원만 고수하는 사람은 아니었다. 그는 오히려 교회와의 연락을 도모하면서 수도원과 교회의 다리역할을 했다.

2. 수도원 규칙 제정의 필요성

A. 극단적 금욕생활 자제 위해

-수도원 규정은 사람으로 하여금 세웠지만, 그러나 이 규칙은 자연발생적으로 필요에 의해 세우게 된 결과를 가져왔다. 금욕생활의 목적은 거룩하신 하나님께 인간이 나아가는 것이다. 그러나 부패한 인간이 어디까지 나가야 하는 경계는 필요했다.

-지나치게 극단적이지 않으면서 너무 소극적이지 않는 금욕생활의 규율을 나름대로 적용하므로 수도원 공동체를 바르게 유지해 갈 수 있었다.

B. 수도원 임무 유지를 위해

-자유는 주어진 만큼 방종하게 되어 있다. 인간이 허용된 규정 가운데 자유를 누려야 한다. 그러므로 수도원의 엄한 규율은 인간의 자유에 대한 방종을 방지하는데 그 목적이 있다.

-뿐만 아니라 수도원의 고유한 본래의 임무를 계속하기 위하여 규정은 그대로 적용하면서 유지하기를 꾀했다.

C. 명령 계통의 확립을 위해

-의지가 강하면 개성이 강하다. 이런 부류의 사람들이 모인 집단은 그 통제가 더욱 어렵기 때문에 룰이 꼭 적용되어야 한다. 효과적인 통제를 위하여 규정을 적용하면 그만큼 효과가 배로 나타나기 마련이다.

-여러 부류의 사람들이 한 공동체 안에서 한 의견으로 조율되기란 그리 쉽지 않다. 그러므로 지도력을 위하여 명령계통을 확립할 것을 간파하고 그 룰에 따랐다. 이것은 또한 의견 충돌을 미리 방지하기 위한 지혜로운 조처였다.

iv. 서방 수도원의 효시

1. 성 마틴(St. Martin)

서방에서 가장 최초의 지도자들 중 한 사람은 4세기의 성 마틴(St. Martin)이었다. 그는 동방에서부터 곧 바로 고울(Gaul)에 수도원을 도입하여 설립했다.

마틴의 영향은 니니안(Ninian)에게, 니니안은 397년 솔웨이 퍼스의 훼튼(북 아일랜드 인근)에 교회와 수도원을 세웠다. 그리고 마틴의 활동의 본보기로 삼았다.

나중 이 수도원은 스코틀랜드 뿐 아니라 아일랜드에도 큰 영향을 끼쳤고 또한 켈트 교회에도 수도원적 영향을 끼쳤다.

2. 서방 수도원 소개

A. 아타나시우스의 유배

-기독론의 '그리스도는 하나님이시다' 주장을 하다가 7차례의 유배생활을 하고 돌아온 아타나시우스에 의해 서방의 수도원이 소개되기 시작했다.

-아타나시우스는 서방교회에 동방의 수도원 운동을 서서히 주입하여 경건 운동을 주도해 갔다.

B. 서방교회 지도자의 영향

-아타나시우스에게 영향을 받은 서방교회의 지도자는 성 제롬(St. Jerome)이었다 155)

C. 왕족의 수도원 생활

-서방교회에 세워진 수도원의 생활은 서민들까지 구석구석까지 파고들어갔다. 의식과 교리에 치우친 서방교회에 수도원의 영향은 엄청나게 파급되어 갔다.

-로마의 귀족층은 그 당시엔 지독하게 세속적인 부류였는데도 불구하고 이 수도원의 삶을 살았다는 기록도 남겨지고 있다.156)

-미루어 보건대 사도 바울이 방문하기 전 로마교회는 로마 사람들이 이미 그리스도의 복음을 받아 교회가 설립된 곳이므로 가능성이 있다.

---

155) 그 밖의 성 암부로스(St. Ambrose)는 밀라노에 동방의 수도원의 제도를 도입하여 과감하게 설립했다.

156) 로마 귀족층의 귀부인과 그 자녀들이 수도원에서 노동하며 생활했다(388년, 어거스틴).

v. 서방 수도원 운동

1. 베네틱트 수도원 운동(Benedictus, 480-543)

A. 서방 수도원의 전형

-성 베네딕트-그는 누르시아(Nursia)의 출신으로 본격적으로 서방교회 수도원 운동을 개척한 사람이다. 그는 몬테 카시노(Monte Cassino)에 수도 원을 설립했다. 여기에 세운 수도원은 서방수도원의 전형이 되어 그에 적 용되는 수도원 규칙까지 제정했다.

-베네딕트 수도원-이 수도원은 서방의 전형적인 수도원 운동이 되었 다. 번영하여 크게 확장하고 성공하게 된 것이다. 따라서 경제적으로 부 유하게 되면서 부패하고 타락하면서 세속적으로 흐르기도 했다. 이러한 원인으로 이 수도원은 옳은 전형을 남겨주지 못한 것이다.

B. 서방에 세워지는 수도회

-이때부터 본격적으로 서방에서 수도회들이 조직되었다. 그리고 나중 에는 누이동생을 위하여 마르세이유에 수도원과 수녀원을 개설하였다.

2. 클루니 운동(The Cluniac Movement)

A. 설립자 : 베르논(Bernon)

-성 베르논은 프랑스의 클루니의 출신이다. 이 운동을 위하여 클루니에서 발생했다.

B. 설립 동기

-베네딕트 수도원의 부패와 열정에 빠진 나머지 자신들의 타락을 간과하는 결핍을 바로잡기 위해 일으킨 것이다.
-당시의 수도원 운동은 왕족이나 귀족의 지원을 받아 운영해 갔다. 자연히 그들의 간섭이 나중 부패와 타락의 원인으로 나타나게 되었다.
-거기서 수도원을 되찾아 자유롭게 하며 총회나 수도사들이 감독들과 수도원장을 원하는 대로 선출하려고 일어선 운동이다.
-클루니 운동은 성직자의 독신생활을 강력하게 주장했으며, 그 영향은 서방 수도원에 널리 퍼지게 되었다.

3. 시토회(The Cistercians)

A. 설립자

-수도자들-부르군트(Burgundy)의 시토(Cisteaux)에 세워졌다.

B. 설립 동기

-이 운동은 베네딕트 교단 특유의 엄격하고 순수한 규칙을 지키려 했던 수도사들에 의하여 세워졌다.

-수도적인 정신에 입각한 단순한 삶을 목표로 삼았다.

C. 끌레보르(Clairvaux) 수도원 건립

-베르나르(Bernard)는 1115년 시토회의 정신을 살려 끌레보르 수도원을 건립했다. 이곳은 매우 거칠고 외진 계곡이었다.
-베르나르는 이곳에서 열정적이고 깊은 영성의 웅변을 통하여 그 운동을 확산해 갔다.
-나중 시토 수도원은 약 700여 개로 활발하게 성장해 갔다.

4. 탁발 수도회(The Mendicant Orders)[157]

탁발 수도회는 두 부류로 나누는데, 프란시스 수도원(Franciscants)과 도미니크 수도원(Dominicants)을 말한다.

A. 프란시스 수도원(Franciscants)

a. 창설자
-성 프란시스(St. Francis)-이탈리아의 앗시시(Assisi) 출신이다.
b. 목 적
-예수 그리스도의 본을 따라 청빈한 삶을 살아가기 위해 세워졌다.

c. 영향력

---

[157] A. M. Renwick, A. M. Harman, The Story of The Church, I.V.P., London, English, 1958, p72.

-프란시스 수도원에서 보나벤투라(Bonaventura), 둔스 스코투스(Duns Scotus), 그리고 윌리암 오캄(William of Occam) 등 영적 거장들이 배출되면서 교회의 영적 주도적인 위치를 차지하게 되었다.

d. 세속화
-이 수도원도 나중 성 프란시스의 청빈적 삶의 이상을 저버리고 세속화되면서 다른 수도원들이 겪었던 악순환에 빠져들면서 약화되기 시작했다.

B. 도미니크 수도원(Dominicants)

a. 창설자:도미니크(Dominic)-스페인의 귀족 출신 도미니크에 의해 1215년에 창설되었다.

b. 목   적:간소하고 엄격한 생활을 주장하면서 누구든지 이 운동에 참여할 수 있도록 했다. 그리고 이 목적을 그들은 훌륭하게 수행했다. 나중에 교황의 인정을 받아 종교재판소의 역할을 도미니크 수도원에 위임하여 수행하게 되었다.

c. 종교재판소는 1229년 투올로스 회의(Council at Toulouse)에서 처음으로 설치되었으며 감독들이 운영했다. 그로 인해 수많은 사람과 지역이 종교재판이라는 미명하에 피로 물들여지는 결과가 오게 된 것이다.
-나중 이 수도원의 전성기에 농업을 장려하고 학교 등을 세웠다. 소외되고 빈민에 빠진 사람들을 구제하는 등 사회적으로 큰 역할을 감당해 갔다. 그러나 이런 이상적인 사업들에 참여가 줄어들면서 영적인 열기가

점차적으로 식어갔다.

　-이 수도원은 영적으로 퇴보하여 초기의 이상에서 멀어지고 타락과 부패가 만연하게 되었다.

5. 군사적 기사단(The Military Orders)[158]

군사적 종단이라 함은 그들은 모두 군인 신분으로서 수도적인 삶을 사는 사람들로 구성되었다. 대부분 팔레스타인의 기독교 성지 순례자들을 보호 해줄 목적으로 조직되었다. 그러나 그들은 군대적인 조직으로 변해 갔고 나중 주된 목적이 바뀌지게 되었다. 주로 사라센 족과 싸우며 종교적인 투쟁으로 비춰지게 된 것은 사실이다. 군대의 힘을 가진 그들은 재산을 모으고 사회 전반 깊숙이 영향력을 행사하면서 그 세력들은 사회 곳곳에 확산되어 갔다.

A. 성 요한 기사단

　-11세기 중엽(1048년) 병상자(病傷者)를 보살피는 구호단으로 시작하여 십자군전쟁 시기 활발한 의료활동을 벌인 전투적 종교기사단(騎士團)이다.

　-또 다른 이음, 요한기사단이라 불렸다. 이 단체는 수도사뿐만 아니라 세속의 기사도 포함되었으며, 십자군시대에는 이교도와 싸우는 군사조직이었으나 부상자 및 환자의 간호와 구조를 맡은 병원단(病院團)으로서의 성질을 잃지 않았기 때문에 '병원기사단'이라고도 한다.

---

158) A. M. Renwick, A. M. Harman, The Story of The Church, I.V.P., London, English, 1958, p.73.

B. 성전 기사단

-1118년 8명의 프랑스 왕국 기사들이 예루살렘을 수호한다는 목적으로 창립한 수도회이다.

-'성전기사단'(성당 기사단, 템플 기사단, 청빈 기사단 등)이란 명칭은 이들이 수도회를 솔로몬 성전에서 창립하였기 때문에 붙여졌다. 기사단 수도회로서는 최초의 수도회이자 가장 강력한 수도회였다.

-복장은 붉은 십자가가 그려진 백색 망토를 걸치고 다닌 것이 특징. 창립 후 10년 만에 공인되면서 교황 직속 수도회가 되었다.

C. 튜턴 기사단

-튜턴 기사단(라틴어: Ordo Theutonici, 독일어: Deutscher Orden, 영어: German Order)은 오스트리아의 빈에 본부를 두고 있는 로마 가톨릭교회에 소속된 기사수도회이다.

-독일 기사단이란 이름은 중세 십자군 원정 때 주로 독일인 기사들로 구성되었기 때문에 붙여졌다.

-튜턴기사단의 기원은 제3차 십자군을 지원하기 위해 성지 예루살렘 근처의 아크레에 1190년 경 세워진 야전 병원이었으며, 1198년에 기사단의 수도회로 격상되었다.

6. 서방 수도원 규칙

A. 수도원장은 전원 선거로 선출

-서방지역의 수도원 지도자인 원장은 그 수도원에 수도하는 수도사 전원이 참석하여 선출했다.

B. 큰 일과 작은 일을 각각 처리

-큰일은 전체 회의에서, 작은 일은 원장이 수석 수도사와 협의하여 처리한다.

C. 입원 지원자들

-일정한 기도 시험을 한 후, 일정기간 동안 정주할 것과 엄격한 도덕률을 지킬 것. 복종할 것을 서약한 후 허락하였다.

D. 노동을 장려하여 자력으로 수입을 얻어 생활을 하게 했다.

E. 수도원 교육으로 전도를 맡김

-그레고리 1세는 수도원의 교육을 통하여 이교도들에게 전도하는 임무를 맡겼다.

F. 캇시오르도루스는 수도원

-이 수도원을 학문의 중심지와 학문의 요람인 교육센터로 만드는데 있어서 큰 공헌을 했다.

부록
Appendix

1. 강 ▪ 의 ▪ 계 ▪ 획 ▪ 안
Course Instruction Plan

Course : 초대교회 역사 현장 가는 길
On the Way to Field of the Early Church
Instructor : 김 동 연 목사
Rev. Kim, Dong-Yeon Th.D., D.C.C.

1. 본 과목의 소개(Course Description)

"옛날을 기억하라, 역대의 연대(年代)를 생각하라…"(신32:7a)

본 코스는 기독교의 역사를 연구하는 과목이다. 기독교의 역사'His Story'를 하나님의 구원사로 보는 관점이 점점 더 극명해지고 있다. 하나님의 절대 주권아래서 진행되는 역사의 흐름을 신학적으로 정확하게 조명하는데 있다. 고찰할 일은 교회역사 가운데서 그 역사를 배우는 신학도들과 그 일을 연구하는 일과 그 역사를 캐내고 발전시키는 공동체에게 도움을 주기 위함에 있다.

2. 본 과목의 목적(Course Objectives)

"이는 내가 꺼리지 않고 하나님의 뜻을 다 너희에게 전하였음이라"(행20:27).

1) '현재'라는 시간 속에서의 믿음의 삶을 향한 교회역사와 그 역사적 교리에 대하여 명확한 이해를 연구학도들에게 전달하는데 있다.

2) 기독교 역사의 발전에 대한 원인을 역사적 교리와 더불어 본 코스를 연구하는 학도들에게 평가하게 한다.

3) 교회의 상황 속에 있는 성도들을 신학적 관점 가운데, 그들을 믿음으로 도전하게 한다. 그리고 기독교 사역을 지원하며 또 육성케 한다.

4) 교회의 그리스도인들의 정체성과 기독교의 정체성에 대하여 도

전을 주며, 가능성을 부여하는데 있다.

　5) 지나간 세대의 교회 역사에 발생했던 성경적인 소리와 영성의
자취를 신학적이Theologacal며 지적Academical으로 옳게 하며 재정립
하는데 있다.

3. 강의 방법과 교습(Methods of Teaching and Learning)
　"…주의 연대는 대대에 무궁하니이다"(시102:24).

　과거 속에 발생했던 역사를 신학적인 방법으로 접근하며, 기독교
전통의 신앙의 입장에서 토론하여 성경적인 교훈의 관점에서 결론 맺
는다. 구속사와 기독 교회사를 연결하여 전체적인 구원문제를 다룬다.
성경과 원문을 Text로 하며, 역사신학의 논문, 그와 관련된 도서, 연구
세미나 등의 자료를 이차적인 자료Secondary Source로 삼고, 강사와
학생이 대화식Two Way Communication과 자유로운 분위기Free Rein
Leadership 방법으로 본 과목을 연구하고자 한다.

4. 본 과목의 교재(Required Texts)
　"여러 책을 짓는 것은 끝이 없고, 많이 공부하는 것은 몸을 피곤케…"(전12:12).

　1) 필독서(Required Reading).
　* John E. Whan Kim, *History of Christianity*(Seoul:Sung
　　Kwang Publishing Company, 1982), *기독교회사*(김의환
　　지음).
　* Justo L. Gonzalez, *The Story of Christianity, vol.1*
　　(NewYork:Harper Collins, 1884), *초대 기독교회사*(후스토
　　L. 곤잘레즈 지음).
　2) 추천도서(Recommendation Reading).
　* J. N. D. Kelly, and A. M. Harman, *Early Christian
　　Doctrines* (New York:Harper&Row, 1978).

* Henry Chadwich, *The Early Church*(New York:Penguin, 1967).

* Any theological dictionary, for example:*Evangelical Dictionary of Theology* (Baker Book House, 1967).

* Harry R. Boer, *A Short History of The Early Church* (W. B. Eadmans Publishing Company, 1965). *단편 초대 교회사*(해리 R. 보어 지음).

* A. M. Renwick and A. M. Harman, *The Story of The Church*(London:Inter-Varsity Fellowship, 1958) *간추린 교회사*(A. M. 렌위크, A. M. 하만 지음).

5. 본 과목의 논문(About Class Term Paper)

"인류의 모든 족속을 한 혈통으로 만드사 온 땅에 거하게 하시고 저희의 연대를 정하시며…"(행17:26).

1) 제목

A. 교부들의 신학에 대하여

B. 교리적 논쟁에 대하여

C. 어거스틴 신학사상에 대하여

D. 초대교회의 역사적 배경에 대하여

E. 수도원 운동의 효시와 진행에 관하여

F. 성경과 신조에 대하여

G. 이단의 발호에 대하여

* 중간 논문(Mid Term Paper):위의 논문 제목 중 1가지를 택하여 4매 이상 정해진 기일 안에 제출할 것.

* 학기말 논문(Term Paper):위의 논문 제목 중 2가지를 택하여 8 매 이상 정해진 기일 안에 제출할 것.(본 논문은 강의를 충실히 참석, 본 강의안에 대한 연구를 통해 무난히 작성할 수 있음).

2) 용지와 매수
 * A 4 용지/* 중간 논문:4매 이상/* 학기말 논문:8매 이상.
3) **형식** : 보통 형식에 준하며, 줄 간격은 더블 스페이스 요함.
4) **제출일** : 추후 결정할 것임(날자 엄수하면 좋은 점수 보장).

6. 성적 평가(Grading)

1) 리포트/Assingment··················30%
2) 기말고사/Final Test··················30%
3) 출석/Attendance··················40%

 94 - 100 = A/ 89 - 93,9 = A-/ 86 - 88,9 = B+
 82 - 85,9 = B/ 79 - 81,9 = B-/ 76 - 78,9 = C+
 72 - 75,9 = C/ 69 - 71,9 = C-/

7. 강의 일정표(Class Meeting, Times, and Schedule)
 "볼지어다, 우리의 연구(研究)한 바가 이같으니 너는 듣고
 네게 유익(有益)된 줄' 알찌니라"(욥5:27).

본 과목의 강의는 매주 60-80분 강의로 본교 강의실에서 진행된
다. 본 강의안은 제1강부터 16강 까지 구성되어 있다.

8. 응급을 요하는 사항(Emergency)

부득이한 응급사항(사고, 질병, 우환 등)으로 결석을 요할 시에는
사전에 연락하여 크레딧(성적)에 손해 보는 일이 없기를 요망.

 * 작성자:**김동연 목사**-Rev. Kim, Dong-Yeon Th.D., D.C.C.
    010-8893-4432(핸드폰), 02)3486-2004(교회).

2. 신약성경의 주기도문 분석

Table-19   신약성경의 주기도문 분석

A. 신약성경에 기록된 주기도문

"그러므로 너희는 이렇게 기도하라 하늘에 계신 우리 아버지여 이름이 거룩히 여김을 받으시오며 나라가 임하시오며 뜻이 하늘에서 이루어진 것 같이 땅에서도 이루어지이다 오늘 우리에게 일용할 양식을 주시옵고 우리가 우리에게 죄지은 자를 사하여 준 것 같이 우리 죄를 사하여 주시옵고 우리를 시험에 들게 하지 마시옵고 다만 악에서 구하시옵소서나라와 권세와 영광이 아버지께 영원히 있사옵나이다 아멘) [마태복음 6:9-13].

B. 신약성경의 주기도문 심플 분석

Beginning | 위 본문은 예수님께서 가르쳐 주신 [주기도문]의 시작이다.
중언부언(重言復言)하는 기도를 금하라고 권면한 후 기도의 본보기의
말씀을 제시했다.

Tendency | 마태복음의 기도문은 유대적(Jewish) 경향이 짙게 묻어난다.

Reflect | 예수 그리스도의 12제자 중 '마태'의 신학이 반영되어 있다.

C. 신약성경의 주기도문의 대략

청원 6가지	3 가지 - 하나님을 위한 청원(9-10절)
	3 가지 - 우리를 위한 청원(11-13절)

신약성경의 주기도문은, 아버지를 부르고(9절), 하나님을 위한 청원을 하며(3가지, 9-10절), 우리를 위해 청원한다(3가지, 11-13절). 총 6가지의 청원이 들어있다. 또 주기도문은 첫 세 부분은 하나님께 대한 기도, 하나님의 영광에 대한 내용이며, 끝 세 부분은 우리를 위한 기도, 우리의 구원에 대한 내용으로 증거하고 있다.

D. 그들의 정서와 정신에 걸맞는 기도의 모델

신약성경에 기술된 주기도문은 그 초점이 유대인들에게 맞추어진 유대적경향이 짙다. 그들이 기도할 때, 부르는 하나님은 언제나 '하늘에 계신 우리 아버지'였다. 그리고 그들의 일일 기도문인 '카다쉬'에는 '그의 이름이 높아지고 거룩히 여김을 받으시길'이라는 말과 '그의 나라가 속히 임하시기를'이란 표현이 들어간다. 예수께서는 그들의 정서와 그들의 정신을 잘 이해하면서 기도의 모델을 제시한다.

Table-20

하나님의 이름–성경에 나오는 이름	
여호와	'스스로 있는 자'
아도나이	'주'
카도쉬	'거룩하신 주'
차디크	'의로우신 하나님'
압	'아버지'
샤파트	'심판하시는 자'
야샤	'구원자'
엘	'전능하신 자'
엘 로이	'감찰하시는 하나님'
엘로힘	'능력이 충만하신 하나님'
엘 사다이	'전능하신 하나님'
엘로힘 체바오트	'만군의 여호와'

*이 외에도성경엔 많이 기록되어 있다.

성경엔 하나님의 이름을 수없이 증거하기 위해 기록되어 있다. 몇 가지만 소개한다. '여호와'는 '스스로 있는 자'/ '아도나이'는 '주'/ '카도쉬'는 '거룩하신 주'/ '차디크'는 '의로우신 하나님'/ '압'은 '아버지'/ '샤파트'는 '심판하시는 자'/ '야샤'는 '구원자'/ '엘'은 '전능하신 자/, '엘 로이'는 '감찰하시는 하나님'/ '엘로힘'은 '능력이 충만하신 하나님'/ '엘 사다이'는 '전능하신 하나님'/ '엘로힘체바오트'는 '만군의 여호와' 등으로 그 외에도 많다. 우리에게는 '아버지'가 가장 친숙하다. 하나님의 이름은 그분을 대표한다. 하나님의 이름은 하나님 자신을 가리킨다. 하나님의 이름은 그분이 가장 높은 전능자, 지존자이심을 나타낸다. 하나님의 이름은 그분의 본질과 인격을 나타낸다.

3. 사도 바울의 생애

Table-21   사도 바울의 생애

바울의 탄생과 회심

AD 2-5(?)	바울의 탄생(길리기아 탈소(다소),베냐민 지파)
AD ?	가마리엘 문하생(5년간 율법수학)
AD 30	예수 그리스도 죽음, 부활 승천
AD 30-32	스데반의 순교와 교회 핍박
AD 35-37	바울의 회심과 아라비아 체류
AD 35/36	첫 번째 예루살렘 방문(베드로, 야고보와 교류)
AD 47-48	바나바와 함께 안디옥교회(팀미니스트리)
AD 45	두 번째 예루살렘 방문(안디옥교회 헌금을 예루살렘 전달)

제1차 세계선교여행 / 사역

AD	안디옥교회 선교사 파송: 바울, 바나바
AD 46-48	**제1차 선교여행**(구브로,버가,안디옥,이고니온,루스드라,더베)
AD	① 갈라디아서 기록(48-49, 안디옥에서 예루살렘 여정중)
AD 49	세 번째 예루살렘 방문(이방인 할례 문제)
AD	예루살렘 총회(제1차 전도여행 선교보고 등)

제2차 세계선교여행 / 사역

AD 51-53	**제2차 선교여행**(빌립보,데살로니가,베뢰아,아덴,고린도)
AD 51-52	고린도 지역 사역
AD	② 데살로니가서전서 기록(51년 초봄 고린도)
AD	③ 데살로니가서후서 기록(51년 가을 고린도)
AD 52	네 번째 예루살렘 방문(수리아 안디옥으로 귀환)

제3차 세계선교여행(사역)

AD 54-58	**제3차 선교여행**(에베소,마케도니아,고린도,드로아,밀레도)
AD 52-55	에베소 지역 사역
AD	④ 고린도전서 기록(55년 봄 에베소)
AD	⑤ 고린도후서 기록(56년 초 마케도니아)
AD 55-57	마케도니아, 일루리곤, 아가야 지역 사역
AD	⑥ 로마서 기록(57년 봄 고린도)
AD 57	다섯 번째 예루살렘 방문, 체포, 구금(유대인 성전출입 고소)
AD 58-59	벨리스 총독 당시 가이사랴 구금
AD 59	베스도 총독 부임, 아그립바 왕 재판

제4차 로마선교(사역)

AD 57-59	**제4차 선교사역**(가이사랴 옥중/재판 로마 연금)
AD 59 9월	로마로 항해(호송중, 유라굴라 광풍 만남)
AD 60 2월	로마에 도착
AD 60-62	로마 가택 연금
AD 60-63	⑦ 골로새서 기록(60-61년)
AD 60-61	⑧ 빌레몬서 기록(60-61년)
AD 60-63	⑨ 에베소서 기록(60-63년)
AD 61-63	⑨ 빌립보서 기록(61-63년)

제5차 로마선교(사역)

AD 62-64	**제5차 선교사역**(로마구금 이후/전도활동과 순교)
	(서바나,에베소,그레데,마케도니아,드로아,밀레도,
	고린도,니고볼리,로마 등에서 사역)
AD 60-63	⑨ 디모데전서 기록(62-63년, 마케도니아)
AD 60-61	⑨ 디도서 기록(63년, 마케도니아 혹 니고볼리 여행 중)
AD 64-65	바울의 체포와 두 번째 투옥
	⑨ 히브리서 기록(64년 혹 65년, 로마?)
AD 61-63	⑨ 디모데후서 기록(64년 혹 67년?, 로마)
AD 67	바울의 순교

■ ・ Bibliography-참고문헌

■ 외국 서적

KATA The Greek New Testament Third Edition (corrected), United
  Bible Societies, 1983.

Alexander Archibald, Evidences of the Authenticity of the Holy
  Scriptures, Presbyterian Board of Publishing, 1836.

Philip Schaff, Creeds of Christendom, New York, Charles
Scribner's
  Sons, Vol. 3, 1890.

J. D. Douglas, The New Bible Dictionary, Eerdman Pub. Co., 1972.

A. M. Renwick, A. M. Harman, The Story of The Church,
  I.V.P., London, English, 1958.

Herman Ridderbos, Paul An Outline His Theology, Korean Edition,
  1985.

Wilhelm Niesel, The Thelogy of Calvin, Grand Rapids: EErdmans
  Publishing Company, 1976.

Justo L. Gonzalez, The Story of Christianity Vol. 3. Harper
Collins,
  New York, 1984.

St. Augustine, Library of Christian Classics of The Confessions of
  St. Augustine, Westminster, 1964.

Louis Berkhof, Summary of Christian Doctrine, Grand Rapids:
  Erdmans Publishing Company, 1989.

Henry Bettenson, The Later Christian Fathers, Oxford New York,
  1956.

Evangelical Dictionary of Theology, Grand Rapids:Baker Book
  House, 1984.

■ 번역 서적

John E. Whan Kim, History of Christianity, Seoul:Sung Kwang
    Publishing Company, (기독교회사, 김의환 지음), 1982.
Justo L. Gonzalez, The Story of Christianity, vol. 1, NewYork:
    Harper Collins, (초대 기독교회사, 후스토 L. 곤잘레즈), 1884.
Beale, David O. 근본주의의 역사. 서울: 기독교문서선교회, 1994.
Geisler, Norman L. 성경무오:도전과 응전. 서울:도서출판 엠마오, 1985.
J. N. D. Kelly, and A. M. Harman, Early Christian Doctrines,
    New York:Harper&Row, 1978.
Henry Chadwich, The Early Church, New York:Penguin, 1967.
Any Theological Dictionary, for example:Evangelical Dictionary of
    Theology, Grand Rapids:Baker Book House, 1967.
Harry R. Boer, A Short History of The Early Church(단편 초대교회
사),
    W. B. Eedmans Publishing Company, 1965.
A. M. Renwick and A. M. Harman, The Story of The Church(간추
린
    교회사), London:Inter-Varsity Fellowship, 1958.
John Poster, The First Advance-Church History AD29-500, (새롭게
    조명한 초대교회의 역사, 심창섭, 최은수 역, 웨스트민스터출판부),
1998.

■ 국내 서적

신학지남, 전호진, 박용규, 복음주의 개혁주의 및 근본주의는 본질적으로

다른가?, 가을호 제268호, 서울:신학지남사, 2001.

신학지남, 채은수, 어거스티누스의 긍정적 세계이해와 선교적 함의, 서울: 신학지남사, 1964.

현대와 신학, 민경배, 제21집-역사인식과 역사의식, 서울: 연세대학교 연합신학대학원, 1996.

박윤선, 성경신학, 서울:영음사, 1978.

박아론, 보수신학은 어디로 가고 있는가?, 서울:총신대학출판부, 1985.

오덕교, 장로교회사. 서울:합동신학교출판사, 1995.

이형기, 세계교회사. 서울:장로교출판사, 1994.

옥한흠, 제자훈련 인도자 지침서, 서울:국제제자훈련원, 2002.

오성춘, 영성과 목회, 서울:장로회신학대학출판부, 1989.

권택조, 영성 발달, 서울:예찬사, 1999.

강준민, 뿌리 깊은 영성, 서울:도서출판 두란노, 1998.

조던 오먼, 영성 신학, 분도출판사, 1987.

싱글레어 B. 퍼거슨 외 1인 편, 아가페 신학 사전, 서울: 아가페출판사, 2001.

성경사전편찬위원회, 성경사전, 서울:아가페출판사, 1991.

Peter Pae, 어거스틴의 내면세계로의 여행-Travel into St. Augustine's inner World, 서울:예루살렘출판사, 2002.

Peter Pae, 21세기 리더십 에세이, 서울:베드로서원, 2002.

Peter Pae, 뉴밀레니엄 피플을 위한 메시지, 서울:예루살렘출판사, 2002.

Peter Pae, 칼빈 신학과 그의 후예들, 서울:예루살렘출판사, 2010.

Peter Pae, 성경신학적 관점-하나님의 구속사, 서울:도서출판 러빙터치, 2006.

Epilegomena
마치는 글

역사의 전환점

아담의 에덴 타락(Lost Paradise), 노아의 홍수 심판(The
Judgment of Flood, The Time of Noah), 이스라엘 백성의
출애굽(Exodus of Israel's People), 로마의 예루살렘 함락
(Depression Jerusalem), 기독교의 로마 제국 정복(Invasion
of Rome by Christian), 이슬람교의 확산(Extension of Islam),
도시 국가들의 합병, 르네상스, 제1차, 제2차 세계대전 등은
지상의 시 공간적으로 발생했던 사건들을 망라해 보았다.

이 사건들은 세상의 중대한 전환점(Turning Point)이지만,
그 어느 것도 예수 그리스도의 성육신(Incarnation) 만큼
새 역사를 창조하거나 새 가치관의 정의를 내린 일은 없다.

*예수 그리스도*는 역사의 위대한 분수령이다. 그분이 나타나기
전까지의 인간들은 하나님께 나아가려고, 자신들의 소유인
동물과 다른 희생물, 정교한 의식들, 율법과 규범들, 장엄하고
화려한 성전을 지어 그것으로 하나님의 기대를 채우기 위해
부단한 노력을 기울였으나 결국, 수포로 돌아가고 말았다.
이는 구약의 수 천년 동안 긴장 속에서 인간과 하나님과의
관계 개선의 과정으로 보는 구약의 역사적 현장이었다.

The Turning Point of History

*신약의 역사 현장*은, 불의 혀같이 갈라지는 오순절 성령의 역사'가 발생하면서, 세상은 그때부터 새 역사의 분수령이 시작된다.이미 상하고 망쳐버린 세상을 건지기 위해 뼈 마른 영혼을 사랑하는 마음이 한이 없었던 예수를 꼭 빼닮은 사람들, 12사도, 바울, 복음사역 동역자들, 속사도, 교부, 감독, 각 시대의 복음의 주역이 속출하게 되었다. 성령을 충만하게 받았던 그 사람들에게 생명의 복음은 주어졌다(마19:20; 행1:8).

그 복음의 능력은 새천년(New Millennium) 역사의 문턱도 넘어 갔으며, 이어서 21세기, 국가, 정치, 사회, 경제, 종교, 문화 전통의 높고 두텁기만 한 장벽을 기어이 극복하여 땅끝까지 퍼지고 확장하며 생명의 기동력으로 세상을 이기고 역사의 전환점을 이뤄 가게 될 것을 분에 넘치도록 바라고 있다.

본서의 '초대교회 역사 현장 가는 길'은 이 천여년 전부터 발생하기 시작한 기록을 역사적, 신학적 바탕 위에서 발생 했던 그때의 기록이다. 여기에 저자의 지혜, 지식, 안목과 함께 편집 데스크에서 기능적이고 비주얼한 디자인 작업을 결합시킨 것이다. 이것은 보고 믿게 하려는 시도 등으로 오늘의 우수한 활자 매개체의 탐스런 결실로 재탄생할 수 있었다. 이 어찌 하나님 아버지께 감사하지 않을수 있을까?

초대교회 역사 _{현장 가는 길}
On the Way to Field of the Early Church

2021. 11. 10 초판 1쇄 인쇄
2021. 11. 15 초판 1쇄 발행

지은이 김동연
펴낸이 배수영
엮은곳 도서출판 러빙터치 편집부
발행처 도서출판 러빙터치
출판등록 제25100-000073(2014.2.25)
서울 도봉구 덕릉로66길 17, 1709-203호
02-745-0190/ 010-3088-0191
E-mail : pjesson02@naver.com

김동연 Th.D., D.C.C.
대한예수교장로회 솔로몬일터교회
02-3486-2004
서울 서초구 방배로 39 미주프라자 1층
www.solomonch.com / www.solomonch.org
Copyright ⓒ 2021 김동연

Printed in Korea

값 21,000원